Rainer M. Holm-Hadulla

Kreativität

Konzept und Lebensstil

Mit einer Abbildung

3. Auflage

Vandenhoeck & Ruprecht

Bibliografische Information der Deutschen Nationalbibliothek

Die Deutsche Nationalbibliothek verzeichnet diese Publikation in der Deutschen Nationalbibliografie; detaillierte bibliografische Daten sind im Internet über http://dnb.d-nb.de abrufbar.

ISBN 978-3-525-49073-0

Umschlagabbildung: Auguste Rodin, *Die Kathedrale*, 1908, Stein, 64 × 34 × 32 cm, Paris, Musée Rodin.

© 2010, 2007, 2005, Vandenhoeck & Ruprecht GmbH & Co. KG, Göttingen.
Internet: www.v-r.de
Alle Rechte vorbehalten. Das Werk und seine Teile sind urheberrechtlich geschützt. Jede Verwertung in anderen als den gesetzlich zugelassenen Fällen bedarf der vorherigen schriftlichen Einwilligung des Verlages. Hinweis zu § 52a UrhG: Weder das Werk noch seine Teile dürfen ohne vorherige schriftliche Einwilligung des Verlages öffentlich zugänglich gemacht werden. Dies gilt auch bei einer entsprechenden Nutzung für Lehr- und Unterrichtszwecke.

Printed in Germany.
Satz: KCS GmbH, Buchholz/Hamburg
Druck und Bindung: CPI books GmbH, Leck

E-Mail: info@v-r.de

Inhalt

Vorwort 7

Was ist Kreativität? – Ein Überblick 9
Begabung 11
Motivation 15
Persönlichkeit 16
Umgebung 17

Kulturgeschichte der Kreativität 22

Die kreative Persönlichkeit 33
Kreativitätsfördernde und -hemmende
Entwicklungsbedingungen 37
Umgebungsbedingungen 43
Faszination 45

Der kreative Prozess 54
Neurowissenschaftliche Aspekte 58

Kreativität in unterschiedlichen Domänen 59
Politik 59
Wirtschaftsleben 67
Wissenschaften 79
Kunst 86

Förderung der Kreativität durch Beratung und Coaching 97
Verbreitung und Konzepte 97
Beispiele aus der Praxis 103
Kreativitätstechniken 114

Kreativität im Alltag 119
Erziehung und Ausbildung 121
Partnerschaft und Sexualität als kreative Aufgaben 123
Kreatives Altern 125

Lebenskunst und Kreativität 129

Das kindliche Spiel: Grundlage und Modell der Kreativität 134

Die kreative Bewältigung psychischer Konflikte 139

Die existenzielle Dimension der Kreativität: Pablo Picassos Minotaurus 153

Personenverzeichnis 157

Danksagung 160

Literatur 161

Vorwort

In der modernen Welt mit ihren vielfältigen Herausforderungen ist Kreativität von besonderer praktischer Bedeutung. Das Verständnis der Kreativität ist eine Voraussetzung für ihre Förderung in Wissenschaft, Kultur, Wirtschaft, Politik und alltäglicher Lebensgestaltung. Die wichtigsten Aspekte des kreativen Arbeits- und Lebensstils werden im Folgenden geschildert.

Um das Phänomen Kreativität zu beschreiben und zu verstehen, habe ich folgende Methoden gewählt:
– Reflexion kulturgeschichtlicher Dokumente,
– Interpretation neuester wissenschaftlicher Erkenntnisse,
– Analyse von Leben und Werk schöpferischer Menschen,
– themenzentrierte Konferenzen mit kreativen Persönlichkeiten sowie
– Beobachtung und Analyse kreativer Prozesse des Alltagslebens.

Dieses Buch entstand aus der Erfahrung, dass ein fundiertes Verständnis der Kreativität schöpferische Möglichkeiten weckt und das persönliche Leben bereichert.

Bei den Leserinnen und Lesern der ersten Auflage möchte ich mich für die vielfältigen Anregungen und ermunternden Worte herzlich bedanken.

Was ist Kreativität? – Ein Überblick

Kreativität wird als Eigenschaft besonderer Menschen hoch geschätzt und bewundert. Manchen gefällt die Vorstellung, dass kreative Individuen aufgrund ihres Talents das Neue und Hervorragende spielerisch gestalten. Sie sind von den Musen geküsst und schaffen mit Leichtigkeit. Andere scheinen von geheimnisvollen Mächten getrieben zu sein, die ihnen unter Schmerzen geniale Leistungen abzwingen.

Biologen sehen das nüchterner. Sie betrachten Kreativität nicht als Charakteristikum besonderer Individuen, sondern als grundlegende Eigenschaft aller Lebewesen. Leben besteht für sie in einem kontinuierlichen und kreativen Anpassungsprozess des Individuums an seine Umgebung. So wie die einfachsten Lebewesen bedarf auch der biologisch hoch entwickelte Mensch einer beständig wirkenden Kreativität, um überlebensfähig zu sein.

Dieser Auffassung ähnelt die Kreativitätsvorstellung der meisten Kultur- und Sozialwissenschaftler. Sie betrachten die kreative Gestaltung der Wirklichkeit als grundlegende Aufgabe der menschlichen Entwicklung.

Dieser Prozess wird nicht nur durch die Gene, sondern auch durch so genannte Meme bestimmt. Nach Dawkins (1976) sind Meme Informationseinheiten, die das kulturelle Erbe enthalten und eine komplexere Evolution von Individuen und Gesellschaften ermöglichen als die Gene.

Kreativität ist kein Zeitvertreib für Müßiggänger, sondern ein Erfordernis jeder sozialen Gemeinschaft. Ohne Kreativität ist nach dieser Auffassung die Welt nicht nur langweilig, sondern liefert sich Kräften aus, die sie zerstören. Aus politischer Sicht müssen Bürgerinnen und Bürger ihrem Leben kreativ Sinn und Struktur verleihen, um friedliches Zusammenleben zu ermöglichen.

Entwicklungspsychologen sehen im kindlichen Spiel ein Grundmodell kreativen Verhaltens. Schon der Säugling schafft durch Vorformen von Gedanken und Vorstellungen eine innere Welt, die chaotischen Erregungen eine gewisse Struktur verleiht. Später entwickelt das Kind spielend seine persönliche Welt, die aus vielgestaltigen Ideen und Phantasien komponiert wird. Im erwachsenen Leben findet sich die spielerische Freude aus der Kinderzeit in produktiver und kreativer Arbeit wieder.

Naturgemäß wird die Bedeutung der Kreativität für die Lebensgestaltung von Künstlern am häufigsten beleuchtet. Es finden sich unzählige Dokumente, die die Überzeugung von Mozart, Goethe und Picasso bestätigen, dass Kreativität kein schöner Luxus ist, sondern eine innere Notwendigkeit, um das Leben zu bewältigen. Folgt man dieser Auffassung, so ist kreative Tätigkeit unverzichtbar, um emotionale Erregungen und schwierige Lebenssituationen zu bewältigen. Im Laufe meiner Ausführungen wird sichtbar werden, dass dies nicht nur für Künstler, sondern auch für den Durchschnittsmenschen gilt. Dabei ist zu überlegen, in welcher Hinsicht wir von Kreativität als Lebensstil sprechen dürfen.

In der Vielfalt der derzeit herrschenden Kreativitätsvorstellungen ist es kaum möglich, einen verbindenden Faden zu finden. Ist denn alles, was wir tun, kreativ? Verliert man bei einer solch allgemeinen Auffassung nicht die Besonderheiten von talentierten und kreativen Persönlichkeiten aus dem Blick? Ist die Nivellierung der vielfältigen Aspekte der Kreativität nicht eine Resignation vor der Aufgabe, Kreativität wirklich zu verstehen?

Ein Ergebnis meiner Studien und Erfahrungen ist, dass die zahlreichen Aspekte und unterschiedlichen Auffassungen der Kreativität nur in einem differenzierten Konzept zusammengefasst werden können. Die vielschichtigen, sich teilweise widersprechenden Ideen zur Kreativität reflektieren nämlich eine Realität: Kreative Persönlichkeiten, kreative Arbeitsformen und kreative Rahmenbedingungen unterscheiden sich in verschiedenen Tätigkeitsbereichen in grundsätzlicher Weise. So werden technische Erfindungen von Menschen mit anderen Persönlichkeitsprofilen und Arbeitstechniken erbracht als kulturwissenschaftliche Entdeckungen, und politische Innovationen kommen auf anderen Wegen zustande als Kunstwerke.

Deswegen lässt sich Kreativität nur sehr unscharf definieren als *Fähigkeit, etwas Neues zu schaffen, sei es eine Problemlösung, eine Entdeckung, Erfindung oder ein neues Produkt.* In Anlehnung an den nordamerikanischen Kreativitätsforscher Mihalyi Cszikszentmihalyi (1996) könnte man eine systemische Definition der Grundbedingungen der Kreativität versuchen:

Kreativ kann eine begabte Person sein, wenn sie sich auf einem Erfolg versprechenden Gebiet und in einem fördernden soziokulturellen Kontext produktiv betätigt.

Angesichts der Vielfalt kreativer Persönlichkeiten, Arbeitsweisen und Betätigungsfelder bleiben solche Definitionen sehr unbestimmt.

Deswegen ist es wichtig, sich die wesentlichen Elemente der Kreativität gesondert zu vergegenwärtigen: Begabung, Motivation, Persönlichkeit und Umgebung.

Begabung

Es liegt nahe, Klarheit über die verschiedenen Formen der Kreativität durch eine Gliederung nach Begabungsprofilen zu gewinnen. Wir müssen davon ausgehen, dass Begabung und Talent wichtige Momente der Kreativität darstellen. Hierzu gehört ein je nach Tätigkeitsbereich differenziertes Intelligenzprofil. So können wir versuchen, anhand der verschiedenen Intelligenzarten der Kreativität näher zu kommen. Howard Gardner, einer der führenden Intelligenzforscher, zieht folgende Konsequenzen aus den neuesten Forschungsergebnissen. Er definiert in seinem Buch »Die Vielfalt des menschlichen Geistes« Intelligenz als »biopsychisches Potential zur Verarbeitung von Informationen, das in einem kulturellen Umfeld aktiviert werden kann, um Probleme zu lösen oder geistige oder materielle Güter zu schaffen, die in einer Kultur hohe Wertschätzung genießen« (2002, S. 46f.).

Ein wichtiges Ergebnis der Forschung ist, dass dieses biopsychische Potenzial kein einheitliches Talent darstellt, sondern dass die Intelligenzbegabung sehr vielschichtig ist. Man spricht von multipler Intelligenz und unterscheidet sieben Formen:

- sprachliche,
- logisch-mathematische,
- musikalische,
- körperlich-kinästhetische,
- räumliche,
- interpersonale und
- intrapersonale Intelligenz.

Zur sprachlichen Intelligenz gehört die Sensibilität für das geschriebene und gesprochene Wort, die Fähigkeit, die poetische Dimension der Sprache zu verstehen, und die Begabung, sie flexibel zu gebrauchen. Nicht nur Schriftsteller und Dichter, sondern auch hervorragende Juristen und Wissenschaftler verfügen in der Regel über eine hohe sprachliche Intelligenz. Am Beispiel von Johann Wolfgang v. Goethe und Gabriel García Márquez werden wir später nachvollziehen können, wie aus sprachlicher Begabung kreative Produktivität wird.

Wichtigste Bestandteile der logisch-mathematischen Intelligenz sind die Fähigkeiten, Probleme nach logischen Gesichtspunkten zu analysieren, mathematische Operationen durchzuführen und wissenschaftliche Fragen zu bearbeiten. Als Beispiel logisch-mathematischer Intelligenz werden wir uns mit Albert Einstein beschäftigen, nicht zuletzt, weil detaillierte Berichte über die Entwicklung seiner Kreativität vorliegen. Einstein selbst hielt herausragende logisch-mathematische Intelligenz allerdings nicht für die entscheidende Grundlage seiner revolutionären wissenschaftlichen Entdeckungen. Die uns später beschäftigenden Faktoren Motivation und Persönlichkeit waren für ihn mindestens ebenso bedeutsam.

Die musikalische Intelligenz besteht in der Fähigkeit, musikalische Formen intuitiv wahrzunehmen und mit ihnen zu spielen. Dies kann sich im Zuhören oder im aktiven Musizieren ausdrücken. Es ist bislang nicht erklärbar, warum sich die musikalische Intelligenz so häufig mit der logisch-mathematischen paart. Musikalische Intelligenz zeigt sich meist schon in der frühen Kindheit. Welche Bedingungen dazu führen, dass eine musikalische Begabung fruchtbar wird, lässt sich an der Lebens- und Schaffensgeschichte Wolfgang Amadeus Mozarts besonders plastisch nachvollziehen.

Als körperlich-kinästhetische Intelligenz kann man das Potenzial bezeichnen, den eigenen Körper differenziert wahrzunehmen und komplexe Bewegungsabläufe leicht und flexibel durchzuführen. Es ist oft verblüffend zu sehen, wie angeborene psychomotorische Bewegungsabläufe während des ganzen Lebens erhalten bleiben. Eltern von Tänzern, Schauspielern und Sportlern meinen bei ihren erfolgreichen Sprösslingen, die jahrelange Trainings absolviert haben, immer noch Bewegungsabläufe zu entdecken, die sie bei ihnen schon in der Kindheit beobachten konnten. Die körperlich-kinästhetische Intelligenz ist auch bei Handwerkern, Chirurgen und vielen technischen Berufen von großer Bedeutung.

Räumliche Intelligenz besteht in der Fähigkeit, räumliche Strukturen zu bewältigen. Seeleute und Piloten können große Räume sicher erfassen und sind in der Lage, sich in ihnen zu bewegen. Die Bewältigung kleiner räumlicher Strukturen ist demgegenüber für bildende Künstler, Architekten und Anatomen von besonderer Wichtigkeit. Wie bei den anderen Intelligenzarten sind motivationale Faktoren wie Lernfähigkeit und Fleiß notwendig, damit eine räumliche Begabung überhaupt sichtbar werden kann.

Interpersonale Intelligenz umfasst das Potenzial, Gefühle, Absichten, Wünsche und Handlungsweisen anderer zu verstehen. Diese Form der Intelligenz ist eine Voraussetzung, um erfolgreich mit anderen zu kooperieren, und daher für Politiker und Wirtschaftsfachleute von besonderer Bedeutung. Hervorragende Politiker verfügen in der Regel über gute interpersonale Intelligenz. Bei ihnen werden wir aber auch sehen, dass Intelligenz nur produktiv wird, wenn starke Motivationen wie Neugier und Ehrgeiz hinzukommen. Auch müssen die später geschilderten Persönlichkeitseigenschaften wie Frustrationstoleranz und Durchhaltefähigkeit zur politischen Tätigkeit passen, damit aus Begabung und Motivation tatsächlich politische Kreativität wird.

Die intrapersonale Intelligenz besteht in der Fähigkeit, sich selbst zu verstehen und die eigenen Möglichkeiten und Grenzen realistisch wahrzunehmen. Berater und Psychotherapeuten verfügen oft über eine ausgeprägte Fähigkeit, die eigenen Gefühle und Phantasien zu analysieren. Sigmund Freud ist ein Beispiel für eine Persönlichkeit, die neben einer herausragenden naturwissenschaftlichen Begabung über eine ausgeprägte intrapersonale Intelligenz verfügte. Aufgrund seiner Fähigkeit zur intelligenten und geduldigen Selbstreflexion entdeckte er die Bedeutung unbewusster Konflikte für die Entstehung psychischer Krankheiten.

Neben den geschilderten, wissenschaftlich hinreichend abgesicherten Intelligenzformen erwähnt Gardner drei weitere:
– naturkundliche,
– spirituelle und
– existenzielle Intelligenz.

Für die Abgrenzung einer naturkundlichen Begabung spricht eine Vielzahl von Beobachtungen und Untersuchungen. Der naturkundlich intelligente Mensch verfügt über eine Kernkompetenz zur Erkennung und Klassifizierung von Naturphänomenen und biologischen Arten. Charles Darwin und Alexander von Humboldt sind Prototypen naturkundlich intelligenter Persönlichkeiten. Auch die Intelligenz moderner Naturkundler lässt sich deutlich von der naturwissenschaftlichen unterscheiden.

Im Gegensatz zu den bereits behandelten Intelligenzformen ist die spirituelle Intelligenz weniger klar zu fassen. In der spirituellen Sphäre spiegeln sich die kosmologischen und existenziellen Fragen, die Menschen schon immer beschäftigt haben. Dabei existieren Menschen, die ohne Zweifel eine besondere Nähe zur Welt des Übernatürlichen haben. Es ist aber schwierig, eine besondere Begabung für die spirituelle Sphäre dingfest zu machen. Auch wenn wir diese Begabung nicht wie die mathematisch-logische definieren und messen können, gibt es gute Gründe, ihre Existenz anzunehmen. Den großen Religionsgründern wie Moses, Buddha, Jesus Christus, Mohammed oder Konfuzius kann man sich nicht mit einem säkularen Intelligenzbegriff nähern. Aber auch zeitgenössische Persönlichkeiten wie der Dalai Lama, die eine große Gemeinde inspirieren, scheinen über eine besondere Begabung zu verfügen. Die spirituelle Dimension der Kreativität wird uns auch bei Künstlern immer wieder begegnen.

Die existenzielle Intelligenz ist ähnlich schwer zu bestimmen wie die spirituelle. Dennoch meint Gardner, dass es eine besondere Fähigkeit gibt, existenzielle Fragen des Mensch-Seins aufzugreifen und zu bewältigen. Fragen nach dem Sinn des Lebens und den letzten Dingen sind nicht allen Menschen gleichermaßen zugänglich. Es scheint ein besonderes Sensorium für religiöse und metaphysische Systeme zu existieren, das sich von spirituellen Neigungen unterscheidet. Philosophen wie Descartes und Montaigne, Kant und Hegel, Russel und Rorty haben kaum spirituelle Neigungen und beschäftigen sich dennoch mit existenziellen Fragen auf eine intelligente Weise, die sich von der sprachlichen, logisch-mathematischen, musikalischen, kinästhetischen, räumlich-praktischen, inter- und intrapersonalen erheblich unterscheidet. Zur eigentlichen Kreativität sind aber noch schwieriger zu beschreibende intellektuelle Begabungen notwendig wie assoziatives, originelles und divergentes Denken, das die konventionellen Schemata überschreiten kann (Guilford 1967). Flüssige Übergänge bestehen zwischen kognitiver und emotioneller Intelligenz (Goleman 2005).

Diesem kurzen Abriss der Intelligenz- und Begabungsforschung schließt sich die Frage an, wie aus den jeweiligen Talenten Kreativität entsteht. Zur Verwirklichung von Begabungen spielt nun die *Motivation* eine besondere Rolle.

Motivation

Im Vorgriff auf später genauer erklärte Zusammenhänge erwähne ich die folgenden emotionalen Faktoren, die neben der Intelligenz für Kreativität von besonderer Bedeutung sind:
– Neugier,
– Interesse und
– Ehrgeiz.

Neugier ist eine elementare Motivation, die von Geburt an zu beobachten ist. Das kindliche Neugierverhalten ist angeboren, wird aber durch Umgebungseinflüsse, die später eingehend behandelt werden, entscheidend geprägt. Das emotional bestimmte Neugierverhalten wird auch im späteren Leben nicht auf eine rein intellektuelle Suche nach Innovation reduziert, sondern zeichnet sich weiterhin durch intensive Gefühle und Leidenschaft aus. Das Wort Gier verweist auf das heftige Verlangen, das kreative Tätigkeit begleitet. Wir werden das Neugierverhalten beispielhaft bei Albert Einstein und Gabriel García Márquez genauer betrachten.

Interesse, das Bedürfnis dabei zu sein und sich von einer Sache oder Tätigkeit ganz gefangen nehmen zu lassen, ist die zweite zentrale Motivation für Kreativität. Besonders bei Wolfgang Amadeus Mozart, Johann Wolfgang von Goethe und Pablo Picasso werden wir sehen, dass das Interesse an der Sache selbst eine zentrale Motivation für kreatives Arbeiten darstellt.

Ehrgeiz, das Streben nach Anerkennung durch größere Gemeinschaften, trägt durch den Begriffsanteil Geiz eine negative Bedeutung. Ehrgeiz enthält aber auch das positive menschliche Streben danach, beachtet und angenommen zu werden. Besonders in politischen Biographien wird die Rolle des Ehrgeizes für produktive Tätigkeit deutlich werden.

Persönlichkeit

Die motivationalen Faktoren hängen eng mit *Persönlichkeitseigenschaften* zusammen, die weitere Bedingungen für die Realisierung von Begabungen darstellen:
- Originalität,
- Hingabefähigkeit,
- Phantasie,
- Selbstvertrauen und
- Frustrationstoleranz.

Diese Eigenschaften werden im Kapitel über die kreative Persönlichkeit genauer beschrieben. Es wird deutlich werden, dass es unfruchtbar ist, Kreativität nur von der Begabung her zu betrachten. Für ihr Verständnis ist die Berücksichtigung der Persönlichkeitseigenschaften kreativer Individuen unerlässlich. Wir werden sehen, dass bei der Förderung der Kreativität in Kindheit, Schule und Beruf die Entwicklung der Motivations- und Persönlichkeitsfaktoren ebenso bedeutsam ist wie die Ausbildung von spezifischen Talenten.

Umgebung

Neben der komplexen Verschränkung von Begabung, Motivation und Persönlichkeit ist schließlich die Art des Feldes, in dem ein begabter, motivierter und persönlich geeigneter Mensch kreativ sein könnte, zu bedenken. Es ist unmittelbar einsichtig, dass vielfältige Umgebungsbedingungen für die Entfaltung von Kreativität entscheidend sind: Ein musikalisches Kind wird niemals seine Begabung zum Musizieren entdecken, wenn ihm nie die Gelegenheit gegeben wird, ein Instrument zu spielen. Eine wissenschaftliche Begabung wird sich nicht ohne gute Ausbildung und spätere Aufnahme in eine produktive Forschungseinrichtung entfalten können. An Beispielen aus Politik, Wirtschaft, Wissenschaft und Kunst ist abzulesen, wie vielfältig Begabung, Motivation, Persönlichkeit und Umgebungsbedingungen ineinander greifen.

Zunächst soll jedoch gezeigt werden, dass sowohl die großen Kreativitätskonzepte als auch die persönlichen Kreativitätsvorstellungen aus einer langen Kulturgeschichte stammen. Kreativität findet sich schon in den frühesten Dokumenten menschlichen Lebens. Es ist höchst aufschlussreich, wie mythische und religiöse Schöpfungsvorstellungen vergangener Kulturen die modernen Kreativitätskonzepte beeinflussen.

Nach der Beschreibung der kreativen Persönlichkeit werde ich den kreativen Prozess mit seinen fünf Phasen *Vorbereitung, Inkubation, Illumination, Produktion* und *Verifikation* analysieren und Konsequenzen für die Förderung der Kreativität durch Beratung und Coaching ziehen.

Die wesentliche Leitlinie meiner Überlegungen ist, neben der Darstellung eines differenzierten Kreativitätskonzepts, meine praktische Erfahrung in der Beratung kreativer Persönlichkeiten. Wegen der großen Unterschiede der Begabungs-, Motivations- und Persönlichkeitsprofile in den einzelnen Domänen wird Kreativität in Wissenschaft und Kunst, Wirtschaft und Politik getrennt in eigenen Kapiteln analysiert.

Wenn ich mit der Politik beginne, so wird sich mancher Leser mit Recht fragen, was Politik mit Kreativität zu tun hat. Prominente Politiker sagen, dass kreative Politik in Demokratien ein Widerspruch in sich selbst ist. Es geht um geduldiges Verhandeln, bescheidenen Ausgleich von Gegensätzen und häufig um das Finden des kleinsten gemeinsamen Nenners. Dennoch rückt auch in der Politik Kreativität zunehmend in das Zentrum der Aufmerksamkeit. Festgefahrene nationale und internationale Konflikte lassen sich nicht mit Standardargumenten lösen. Der Ruf nach Beratern und Vermittlern wird laut, um durch ungewöhnliche Ideen und Strategien das unmöglich Scheinende – zum Beispiel Frieden – zu erreichen. Dabei verlässt man sich nicht mehr auf die Eingebungen einzelner charismatischer Persönlichkeiten: Zu viel Leid ist auf diesem Weg in die Welt gekommen.

Politische Kreativität wird in den modernen Demokratien als gemeinsames Ringen um gute Lösungen aufgefasst. Verhandlungen sind zum wichtigsten politischen Instrument der demokratischen Kultur geworden. Es werden Verhaltensmaximen im privaten und öffentlichen Bereich für erfolgreiches Verhandeln eingeführt, etwa die vier Strategien des »Harvard-Konzepts« (Fisher et al. 1997): Trennung von persönlicher und sachlicher Ebene; Konzentration auf Interessen statt auf Ideologien; Entwicklung von Optionen zum Vorteil aller; Einführung objektiver Kriterien in die Argumentation. In dieser Hinsicht erscheint vielen die politische Tätigkeit geradezu als Gegensatz zu kreativem Handeln. Geduld, Hartnäckigkeit und Machtstreben werden dem politisch Tätigen gern zugebilligt – aber Kreativität? Ich werde eingehend beschreiben, inwiefern man dennoch von politischer Kreativität sprechen kann. Als Beispiel kreativer Persönlichkeiten in der Politik werden wir uns mit einer Person beschäftigen, der nicht jeder auf den ersten Blick die Eigenschaft des Kreativen zubilligen würde: Bill Clinton.

Auch im Wirtschaftsleben wird Kreativität in Festveranstaltungen oft als fortschrittsoptimistisches Schlagwort gebraucht. In der Praxis werden demgegenüber Sachlichkeit und Berechenbarkeit, klare Regeln und verlässliche Arbeitsabläufe bevorzugt. Die Rolle traditioneller unternehmerischer Tugenden und innovativer Kreativität für wirtschaftlichen Erfolg wird exemplarisch anhand der Biographie von Bill Gates deutlich werden.

Originelle und erfolgreiche Unternehmer wie Olaf Henkel, Dietmar Hopp und Manfred Lautenschläger fühlen sich zwar geschmeichelt, wenn man sie als kreativ bezeichnet und sie damit in die Nähe von Künstlern rückt. Sie selbst beurteilen jedoch den Anteil der Kreativität an ihren Leistungen zurückhaltender und schätzen Geduld, Fleiß, Intelligenz und Hartnäckigkeit als wesentlicher für ihren Erfolg ein als Inspiration und Phantasie.

Und dennoch ist man sich einig, dass Erfolg im Wirtschaftsleben auch von »weichen« Faktoren wie Imagination und Intuition der Mitarbeiter abhängt. Es wird zunehmend deutlich, dass die unternehmerischen Kardinaltugenden Kompetenz, Fleiß, Mut, Zuversicht und Beharrlichkeit durch Phantasie, Spielfähigkeit und Kreativität ergänzt werden müssen. Dies gilt nicht nur für Führungspersönlichkeiten, sondern spielt auf allen Hierarchieebenen eine große Rolle.

Ein gutes Betriebsklima, mit Freiräumen für Eigeninitiative und Selbstverwirklichung, ist entscheidend für die Entfaltung individueller Kreativität. Führungspersönlichkeiten stellen fest, dass unternehmerische Kreativität erlernbar ist. Die Gegenüberstellung von hartnäckigem Fleiß und genialer Phantasie ist überhaupt problematisch. Es spricht sogar vieles dafür, dass klassische Tugenden wie Fleiß, Ordnung und Disziplin im Wirtschaftsleben schöpferisches Denken und Handeln begünstigen. Moderne Unternehmen haben erkannt, dass sie ihren Mitarbeitern Spielräume ermöglichen müssen, in denen sie ihr Gleichgewicht von strukturierter Routinearbeit und flexibler Suche nach neuen Möglichkeiten finden können. Weil hierbei die Motivation von zentraler Bedeutung ist, richten die Unternehmen ihre Maßnahmen zunehmend darauf aus, dass sich alle Mitarbeiter ihrer Aufgabe persönlich verpflichtet fühlen, das heißt »commitment« entwickeln.

Allerdings regen sich gegen den Kreativitätsoptimismus im Wirtschaftsleben auch kritische Stimmen. So meinen manche Autoren, dass in der gegenwärtigen Flexibilisierung und Globalisierung, verbunden mit der ständigen Suche nach Innovationen, bekannten und bewährten Arbeits- und Lebensformen der Boden entzogen wird. Dadurch werde eine wirtschaftliche und soziale Instabilität erzeugt, die zum Verlust langfristiger Bindungen und verlässlicher Strukturen führe. Dies könne Kreativität nachhaltig beeinträchtigen.

In den Naturwissenschaften trifft die Kreativität des einzelnen Forschers auf Bedingungen, die sich in den letzten Dekaden dramatisch gewandelt haben. Der explosionsartige Wissenszuwachs in den Naturwissenschaften hat nach dem Zweiten Weltkrieg alle Bereiche des modernen Lebens erfasst. Diese Wirkung hat sich auch umgekehrt: Naturwissenschaftler können ohne die enge Kooperation mit der Industrie nicht mehr erfolgreich arbeiten. Im Rahmen der »Big Science« werden Entdeckungen zunehmend von Großgruppen oder Forscherkonsortien gemacht. Dies hat beispielsweise ermöglicht, dass mittlerweile der genetische Bauplan des menschlichen Lebens vorliegt. Dennoch betonen auch moderne Naturwissenschaftler wie der Nobelpreisträger Manfred Eigen und der Krebsforscher Peter Krammer die Bedeutung spielerischer Freude, gedanklicher Freiheit und ungebundener Phantasie bei ihrer Arbeit. Sorgenfreiheit, flache Hierarchien, spontane Kommunikation und sinnvolles Elitebewusstsein sind als wichtige Rahmenbedingungen für die Entfaltung kreativer Potenziale anzusehen. Am Beispiel von Albert Einstein werde ich das Zusammenspiel von Begabung, Persönlichkeit und günstigen Rahmenbedingungen in der Entwicklung naturwissenschaftlicher Kreativität darstellen.

Die Entstehungsbedingungen der künstlerischen Kreativität unterscheiden sich beträchtlich von den bereits genannten Bereichen: Der Künstler ist in der kreativen Phase offener für unbewusste Eingebungen als schöpferische Menschen in anderen Arbeitsfeldern. Er befreit sich von der Klarheit des Alltagsverstandes und überlässt sich oft ohne bewusste Kontrolle unbewussten Prozessen. Dies kann den Eindruck eines beängstigenden Realitätsverlusts erzeugen. Viele Künstler betonen wie der Schriftsteller Hanns J. Ortheil, dass es nicht schwer ist, einen kreativen Funken zu empfangen. Diesen während der langen Zeit der schöpferischen Bearbeitung zu bewahren sei die eigentliche Aufgabe, die nur gelingt, wenn im Hintergrund persönliche Motivationen mitschwingen. Dabei spielt die Auseinandersetzung mit dem eigenen Selbst eine zentrale Rolle. Als Beispiel werde ich neben vielen großen Künstlern der Vergangenheit wie Mozart, Goethe und Picasso eingehender die kreative Entwicklung von Gabriel García Márquez beleuchten.

Trotz der erheblichen Unterschiede in den einzelnen Domänen lassen sich auch gemeinsame Grundlagen der Kreativität finden: *Neugier, Interesse, Ehrgeiz, Leidenschaft* und *Hingabefähigkeit* habe ich bereits erwähnt. Bei kreativen Persönlichkeiten findet sich darüber hinaus eine besondere Fähigkeit zu *autotelischer Produktivität*, das heißt zu einer Tätigkeit, die das Ziel – griechisch: telos – in sich selbst findet. Sie schaffen nicht nur im Hinblick auf potenzielle Belohnungen, sondern widmen sich mit Haut und Haar ihrer Aufgabe und sind bereit, trotz Niederlagen, Enttäuschungen und Widerständen um der Sache selbst willen produktiv zu arbeiten.

Aus der Kenntnis der wesentlichen Elemente der Kreativität lassen sich vielfältige Strategien zu ihrer Förderung ableiten, die im Kapitel »Förderung der Kreativität durch Beratung und Coaching« beschrieben werden. Kompetente Berater können helfen, individuelle Begabungen zu erkennen, domänenspezifische Chancen zu realisieren und vorhandene Ressourcen produktiv zu nutzen.

In einem weiteren Kapitel wird die Frage beantwortet, ob auch die alltägliche *Lebensführung als kreative Aufgabe* angesehen werden kann. Sind gelungene Erziehung, glückende Elternschaft, befriedigende Partnerschaft, beruflicher Erfolg, soziales Engagement und erfülltes Altern tatsächlich Ausdruck von persönlicher Kreativität? Es könnte auch sein, dass das Streben nach kreativer Selbstverwirklichung und beständiger Steigerung des alltäglichen Lebensgefühls zu einer Maxime der modernen Konsumgesellschaft geworden ist, die die Muße zu wirklicher Kreativität raubt. Ausgehend von dieser Problematik werde ich die Beziehung von Kreativität und Lebenskunst darstellen.

Nach einer Betrachtung des *kindlichen Spielens als Modell kreativer Tätigkeit* soll verständlich gemacht werden, wie Kreativität der *Bewältigung psychischer Konflikte* dient. Diese Überlegungen werden durch die *existenziellen Dimensionen der Kreativität* abgeschlossen.

Kulturgeschichte der Kreativität

»Am Anfang schuf ...«

Der Begriff Kreativität leitet sich von dem lateinischen Wort *creare* ab, das »schaffen, erzeugen, gestalten« bedeutet. Es ist eng verwandt mit *crescere*, das wir als »werden, gedeihen, wachsen lassen« übersetzen. Im ursprünglichen Verständnis von *creare* und *crescere* klingen zwei Aspekte der Kreativität an, die von großer Bedeutung sind: das bewusste Schaffen des Neuen und das Wachsenlassen unbewusster Potenziale.

Seit Beginn menschlichen Lebens finden wir Dokumente menschlichen Gestaltungsdrangs: Die Venus von Willendorf und die Höhlenmalereien von Chauvet sind 30 000 Jahre alt. All diese Darstellungen dienen nicht der unmittelbaren Sicherung des Lebens und der Befriedigung elementarer Triebe: Sie zeigen vielmehr ein elementares Bedürfnis des Menschen, sich über seine Position in der Welt kreativ zu verständigen. Noch mehr als in ihren Kunstwerken suchten die Menschen in Schöpfungsmythen Erklärungen für den Aufbau der Wirklichkeit. Diese Vorstellungen artikulieren das Welt- und Menschenbild früher Gesellschaften und spiegeln ihre Konzepte menschlicher Kreativität (Assmann 2000).

Im alten Ägypten dominierten Mythen, in denen die Welt von selbst entstand, ohne von einem oder mehreren Schöpfergöttern geschaffen worden zu sein. Nach der Lehre von Heliopolis formte sich die Welt mit dem ersten Sonnenaufgang, als der von selbst entstandene Sonnengott aus dem Urwasser auftauchte und seine Strahlen in eine noch raumlose Welt hinausschickte. Ihm geht ein licht-, end- und formloses Chaos voraus. Durch die Trennung von Himmel und Erde entsteht ein Raum, in dem sich menschliche Kreativität entfaltet. Die Welt wird nicht als ein abgeschlossener und vollendeter Bau aufgefasst wie in der abendländischen und biblischen Tradition, sondern als ein Prozess beständiger Schöpfung. Die Menschen müssen sich gegen eine ständige Gravitation zum Chaos durchsetzen und sich durch Rituale an der Schöpfungsaufgabe beteiligen.

Im Gegensatz zum modernen Verständnis der Kreativität, das die Innovation in ihren Mittelpunkt stellt, sind für die Ägypter die sich wiederholenden rituellen Handlungen der Menschen schöpferisch. Sie wenden das Chaos ab und halten die Welt in Gang. Insofern ist die Entwicklung einer verbindlichen Kultur und eines mächtigen Staats eine schöpferische Aufgabe. Die Erfolge dieses Schöpfungskonzepts lassen sich nicht nur daran ablesen, dass die Ägypter den ersten großen Staat der Menschheitsgeschichte geschaffen haben, sondern ihn über viele Zusammenbrüche hinweg bewahren konnten. Selbst während der Zeiten der persischen, griechischen und römischen Fremdherrschaft konnte der ägyptische Staat als eine politische, kulturelle und religiöse Institution aufrechterhalten werden.

In der altägyptischen Auffassung ist auch der Alltagsmensch zu unablässiger Mitwirkung und Anteilnahme aufgefordert: Er muss Sonne und Mond mit Hymnen huldigen, die Nil-Überschwemmungen erbitten, Aussaat und Ernte mit Riten begleiten, die Tiere heilig halten, das ganze kosmische und natürliche Leben mit andächtiger Aufmerksamkeit beobachten und bewahren. Die Menschen sind sich bewusst, dass sie in ihrem Wollen und Streben in die elementaren Vorgänge der natürlichen und kosmischen Umwelt eingebunden sind.

Stärker als die altägyptische hat die biblische Schöpfungsvorstellung die westliche Auffassung der Kreativität geprägt. »Creavit« ist das erste Verb der Bibel. Gott schafft aus dem Nichts kraft seiner souveränen Entscheidung. Er scheidet Himmel und Erde, erzeugt pflanzliches und tierisches Leben und bildet als Krone der Schöpfung den Menschen. Die Schöpfung ist am siebten Tage abgeschlossen: Gott hat die unbelebte Materie geformt und ihr seinen Geist eingehaucht. Diese Vorstellung des jüdisch-christlichen und auch islamischen Denkens wird über Jahrhunderte zum Urbild kreativer Tätigkeit. Die Vorstellung einer kontinuierlichen Beteiligung des Menschen an der Schöpfungsaufgabe, das heißt einer *creatio continua,* spielte lange Zeit eine untergeordnete Rolle.

Der biblische Schöpfungsakt ist jedoch alles andere als das kreative Schaffen eines glücklich versunkenen Künstler-Gottes. Wie die Menschen ist Gott mit seiner Schöpfung häufig zutiefst unzufrieden. Adam und Eva verhalten sich nicht seinem Willen gemäß, und die Opfergaben von Kain missfallen ihm aus unerfindlichem Grund. Gott ist dermaßen unzufrieden mit seiner Schöpfung, dass er sie mit der Sintflut fast gänzlich vernichtet. Auch die von Gott auserwählten Menschen zeichnen sich durch bemerkenswerte Gewalttätigkeit aus. Kain erschlägt Abel, und das auserwählte Volk zerstört bei der Eroberung des Gelobten Lands die vorhandenen Kulturen, um ein neues Gemeinwesen zu schaffen. Die Gotteskinder glauben das Althergebrachte zerstören zu müssen, um das Neue zu schaffen.

Das Neue Testament scheint von einer weniger aggressiven Schöpfungsvorstellung beherrscht zu sein: Es betont die innere Veränderung des einzelnen Menschen und den Respekt für seine Mitmenschen. Die kreative Zerstörung wird ersetzt durch Gewährenlassen und Mitwirkung am kreativen Wachstum der anderen. Jesus ist der demütige Schöpfer: Er unterwirft sich als Mensch und Gott den Weisungen von Gott-Vater und achtet seine Feinde. Selbst in seinen übelsten Widersachern erkennt er den Funken der göttlichen Schöpfung. Aber auch die Anhänger dieser Schöpfungsvorstellung sind zerstörerisch, um das Neue und Gute zu schaffen. Im Zeichen des Christentums werden zum Beispiel während der Kreuzzüge unfassbare Grausamkeiten verübt. In den letzten Jahrhunderten ist es jedoch unübersehbar, dass starke Strömungen der jüdischen, moslemischen und christlichen Religion der kreativen Zerstörung abschwören. Gleichzeitig tobt aber bis in die heutige Zeit ein Kampf zwischen Religionen und Ideologien, die in Umkehrung des Leitsatzes von Mephisto stets das Gute wollen und stets das Böse schaffen.

Dem chinesischen Denken ist die biblische Erschaffung aus dem Nichts, die *creatio ex nihilo,* fremd. Kreativität wird in China traditionell weniger als Schöpfung des Neuen, sondern als Verwandlung von etwas schon Bestehendem aufgefasst. Menschliche Kreativität wird – zumindest im alten China – in Analogie zur Entwicklung der Natur beschrieben (Ledderose 2000). Sie wird als ein Prozess verstanden, der sich über lange Zeiten hinzieht und an dem viele Individuen beteiligt sind. Die Vorstellung einer kollektiven Kreativität, die dem westlichen Denken eher fremd ist, basiert auf einer natürlichen Kreativität, in die der Mensch schöpferisch eingreift. Diese klassische Konzeption wird jedoch durch gegenläufige Strömungen verändert, ja zerstört. In der jüngeren Geschichte ist der Maoismus eine Bewegung gewesen, die der Schöpfungsvorstellung des natur- und traditionsverbundenen Wachsenlassens entsagte und das Alte vollkommen zerstören wollte, um das Neue zu schaffen. Auch hier stellt sich die Frage, ob das Streben nach dem Neuen nur zerstörerisch wird, wenn es auf unüberwindliche Hindernisse stößt, oder ob Kreativität in sich selbst einen destruktiven Keim enthält.

Die Bewältigung einer »Gravitation zum Chaos« ist auch in den taoistischen und buddhistischen Schöpfungsvorstellungen zu finden. Hier vertraut man der zielgerichteten Aktivität der Menschen aber weniger als in westlichen Vorstellungen. Eher müssen sich die Menschen einer höheren Geistigkeit anvertrauen, um schöpferisch zu sein: Ohne Ziel und Konzentration soll sich der Suchende seinem natürlichen Wachsen und Werden überlassen. Kreativität wird als kontinuierliches Wandlungsgeschehen aufgefasst. Sie ist keine Eigenschaft von genialen Individuen wie in der westlichen Vorstellungswelt, sondern das Schöpferische entfaltet sich jenseits der individuellen Grenzen. So sind im Taoismus die Schöpfungsvorstellungen vergleichsweise unbestimmt. In Lao Tses Buch vom höchsten Wesen sind folgende Worte überliefert:

»Man muß weniger sprechen und der Natur folgen. Ein Sturmwind dauert keinen Morgen, ein starker Regen hält keinen Tag an. Wer macht das alles? Himmel und Erde. Selbst Himmel und Erde können nichts Dauerndes machen, um wieviel weniger vermag es der Mensch ... Es gibt etwas, das im Chaos entstanden ist und vor dem Himmel und der Erde geboren wurde« (Jang 1955, S. 104).

Im Taoismus muss man sich dem Vagen, Leeren und Unbestimmten überlassen, um wirklich schöpferisch zu sein: Nicht Wollen und Machen, sondern Geschehen- und Wachsenlassen sind die leitenden Vorstellungen. In dieser Gegenüberstellung erkennen wir die zwei Bedeutungsebenen von *creare* und *crescere* wieder. Im Sinne des *crescere* muss der Kreative von gerichteten Zielvorstellungen absehen und seine natürliche und spontane Kreativität geschehen und wachsen lassen. Mit anderen Worten: Kreativität kann man nicht wollen, sondern man muss sie zulassen. Der schöpferische Mensch verhält sich wie ein Medium, das sich einem unbewussten Prozess anvertraut.

Im Buddhismus treffen wir wegen der gemeinsamen Wurzeln auf ähnliche Vorstellungen wie im Taoismus. Die Unbeständigkeit, das ständige Werden und Vergehen, ist in den Lehren Buddhas das oberste Prinzip der Schöpfung. In den Kreislauf von Geburt und Tod kann der Mensch nur sehr bedingt eingreifen. Dennoch ist er als gestaltender Bestandteil einer kosmischen Ordnung von Bedeutung: Im Zen-Buddhismus wird der Zyklus des ewigen Lebens durch Gelassenheit und Versenkung verwirklicht und führt zu einer kreativen Steigerung und Erfüllung des Seins.

Im Hinduismus kommt zur Vorstellung eines natürlichen Kreislaufs der Kreativität, in den sich der Mensch demütig einfügen muss, die Idee der Selbstaufopferung hinzu (Watts 1957). Im *atmayajna* gebiert Gott die Welt, indem er sich selbst aufopfert. Die Menschen folgen dieser Selbstaufgabe, werden schöpferisch und vereinigen sich dadurch wieder mit Gott. Der Akt der Schöpfung, das Werden, ist eng mit der Selbst-Auflösung, dem Vergehen, verbunden.

Gewalttätigkeit ist ein Prinzip der Schöpfungsvorstellungen im alten Griechenland. Kronos entmannt seinen Vater Uranos, wirft die noch blutenden Genitalien ins Meer, und aus dem Schaum entsteht Aphrodite, die Göttin der Liebe, Schönheit und Fruchtbarkeit: eine für den modernen Menschen erstaunliche Kreativitätsvorstellung. Im Götterhimmel wird das Leben durch Mord und Vergewaltigung immer wieder neu geschaffen. Die Bewältigung der Aggressivität stellt ein wesentliches Motiv für die Entwicklung einer menschlichen Kultur dar. In der griechischen Hochkultur sollen die chaotischen Triebe der Götterwelt durch kreative Tätigkeiten in Form von Wissenschaft, Kunst und staatlicher Ordnung gebändigt werden.

Diesem Ideal folgen die christlichen Priester und Gelehrten im westlichen Kulturraum nur zögernd, denn das mittelalterliche Abendland bezieht seine Kreativitätsvorstellungen vorwiegend aus der Bibel: Der Mensch selbst schafft nichts Neues, sondern bildet die göttliche Schöpfung bestenfalls nach. Auch die strahlenden Genies der Renaissance – Raffael, Michelangelo und Leonardo – betrachten sich in dieser Hinsicht noch als Handwerker. Andererseits reichen sie mit ihrer Schöpferkraft an das Göttliche heran. Auf Raffaels Grabmal steht geschrieben, dass er durch sein Schaffen die Schöpfernatur sogar übertraf. Er wird als eigenständiger Schöpfer und Entdecker des Neuen angesehen. Auch der Künstler Leonardo da Vinci, der Staatsmann Lorenzo de Medici und der Wissenschaftler Galileo Galilei befreien sich in ihrem Schaffen ostentativ von der Autorität der Natur und Religion. Zunehmend steht der Mensch im Zentrum der Kreativität.

Die irdische Liebe wird als Quell der Inspiration angesehen, und die Zeitlichkeit des Menschen wird nicht nur durch das von Gott inspirierte Kunstwerk überwunden, sondern auch durch die menschliche Liebe. Shakespeare schildert in seinen Sonetten, wie sich Liebende in ihren Partnern und Kindern verwirklichen und die Begrenzung ihrer Lebenszeit kreativ überwinden. Wie der Mensch das Zerstörungswerk der Zeit durch das Weiterleben in seinen Kindern überwindet, so erhebt sich der Kreative durch sein bleibendes Werk über den Verfall der irdischen Dinge.

Kunst und Liebe werden zu göttlichen Mächten verklärt, die die Vergänglichkeit besiegen. Bei Mozart und Schikaneder heißt es in der Zauberflöte: »Mann und Weib, und Weib und Mann reichen an die Gottheit ran.« Diese sehnsüchtige Verklärung der Liebe bleibt aber durch die »Gravitation zum Chaos«, durch natürliche und menschliche Destruktivität, bedroht. Es lauert immer ein Abgrund von Gewalt und Sinnlosigkeit. Shakespeare hat auch für diese Gravitation zum Chaos wirkungsvollen Ausdruck gefunden. Nehmen wir zum Beispiel Macbeth oder Richard III., die ihrem Mangel an Kreativität zum Opfer fallen: Als unfruchtbare und unkreative Herrscher verstricken sie sich in sinnloser Gewalt und verdämmern in Apathie und Sinnlosigkeit.

Der Verlust der Kreativität als lebensspendender und -erhaltender Kraft führt in den Abgrund der Bedeutungslosigkeit. Macbeth gelingt keine erfüllende Tätigkeit, Hass und Missgunst leiten seinen Schaffensdrang. So lässt er sich von der gierigen Lady Macbeth zu einem unsäglichen Blutrausch verführen. Das Erlahmen seiner positiven Lebenskräfte mündet in Leere und Bedeutungslosigkeit. Shakespeare führt uns damit vor Augen, dass ein Mangel an schöpferischer Kraft zu Destruktivität und Sinnlosigkeit führt:

>»Leben ist nur ein wandelnder Schatten,
> Ein armer Spieler, der spreizt und knirscht
> Sein Ständchen auf der Bühn und dann nicht mehr
> Vernommen wird. Ein Märchen ists, erzählt
> Von einem Dummkopf, voller Klang und Wut,
> Das nichts bedeutet.«

In der historischen Blütezeit des Kreativitätsoptimismus, der deutschen Klassik, wird das Genie zur Verkörperung des göttlichen Schaffensdrangs. Handwerker, Techniker, Wissenschaftler, Unternehmer, Politiker und Künstler entthronen Gott durch ihre Schöpfungen und Entdeckungen. Goethes hymnisches Gedicht »Prometheus« formuliert diese Erhebung des Menschen über die göttliche Schöpfung. Der schöpferische Mensch fordert Gott heraus. Er macht sich unabhängig vom göttlichen Willen und nimmt sein Schicksal selbst in die Hand. Er muss für seine politischen Verhältnisse sorgen, seine Schmerzen und Ängste selbst bewältigen. Und schließlich erschafft er sich selbst als Künstler in freier Souveränität: Der kreative Genius ersetzt Gott. In der jugendlichen Ekstase des Sturm und Drang eint der schöpferische Mensch, was im Chaos der Welt auseinander fällt. Ähnlich wie Goethe erhebt Schiller die menschliche Selbstgestaltung in »Anmut und Würde« zum Ideal der Lebensführung.

Aber Goethe erkennt im Lauf seines Lebens und Schaffens, dass auch das strahlende Genie seine Kreativität schmerzlichen Versagungen und Entbehrungen verdankt. Um diese zu bewältigen, ist er auf Kreativität geradezu angewiesen. Kreative Arbeit wird für den reifen Goethe in den Marienbader Elegien zum entscheidenden Mittel, das Leben zu ertragen:

> Und wenn der Mensch in seiner Qual verstummt,
> Gab mir ein Gott zu sagen was ich leide.

Hier sieht man, wie Goethe der prometheisch-überschwänglichen Kreativitätsvorstellung abschwört. Er revidiert in seiner klassischen Zeit die frühere Auffassung und demaskiert die geniale Autonomie des kreativen Menschen als Wirklichkeitsverlust. Goethe relativiert, ja er verwirft seine früheren Genievorstellungen: Praktische Tätigkeit wird zu einem vollwertigen Ersatz für das geniale Schaffen. Produktivität statt Genialität ist jetzt das Kennzeichen des schöpferischen Menschen: Genie ist Fleiß.

Goethe betont aber auch, dass der Kreative bei seiner mühsamen Arbeit das Ungewollte zulassen soll. Er muss fähig sein, sich höheren Mächten und unbewussten Kräften zu überlassen. So klingen auch in seinen Schöpfungsvorstellungen die fernöstlichen Prinzipien des Geschehenlassens im Sinne des *crescere* an. In einer Zeit, in der sich Goethe eingehend mit persischer Dichtung beschäftigt, huldigt er dementsprechend dem kreativen Kreislauf von Werden und Vergehen. Goethe fasst diese Kreativitätsvorstellung in dem Gedicht »Selige Sehnsucht«, auf das wir noch zurückkommen werden, in folgende Worte:

> Und solang du dies nicht hast,
> Dieses Stirb und Werde,
> Bist du nur ein trüber Gast
> Auf der dunklen Erde.

In den Dichtungen Goethes werden wesentliche Aspekte des Schöpferischen ausformuliert, die bis heute von großer Bedeutung sind: Kreativität wird einerseits als Schaffen des Neuen aufgefasst, das gegen Konventionen revoltiert. Die kreative Zerstörung setzt an die Stelle des Althergebrachten die originelle Schöpfung. »Macht euch die Erde untertan« ist ein Leitmotiv, das vom Alten Testament bis in die moderne Kreativität nachhallt. Dementsprechend beansprucht das Genie besondere Rechte, seine Aggressivität unterwirft, ja vernichtet das Althergebrachte. Rücksichtslosigkeit zeichnet sowohl den einzelnen Schöpfer als auch den kreativen

Prozess aus. Der Kreative fühlt sich nur sich selbst und seiner Aufgabe verpflichtet.

Andererseits stellt Goethe dem aggressiv ungebundenen Aspekt der Kreativität das naturverbundene Entfalten der schöpferischen Potenzen gegenüber. Die Einbettung in das natürliche Werden und Vergehen führt den Wissenschaftler und Künstler zur höheren Einsicht. Sie müssen die Gesetze der Natur und der Geschichte verstehen und demütig befolgen. Der Kreative ist nicht wie Prometheus, der sich gegen Gott und die Natur erhebt, sondern ein irdischer Mensch, der sich in den großen Kreislauf der Natur- und Weltgeschichte einfügt und erst dadurch schöpferisch ist. Dieses einfühlende und respektvolle Geschehenlassen des in Naturgeschichte und Tradition Schlummernden im Sinne von *crescere* steht dem mutwilligen, ungebundenen und aggressiven Schaffen des Neuen im Sinne des *creare* gegenüber.

Diese beiden Aspekte durchziehen auch die Kreativitätsvorstellungen in der zweiten Hälfte des 19. Jahrhunderts. Friedrich Nietzsche will den Menschen durch wahres Schöpfertum befreien und vertraut auf die Kraft des Dionysischen. Der Kreative muss sich dem Taumel dunkler Mächte überlassen, um wahrhaft schöpferisch zu sein. Die helle Vernunft, die mit dem griechischen Gott Apollon verbunden wird, befreit nicht die schöpferischen Kräfte. Eher führt die Hingabe an die dunklen Mächte des Traums und der sinnlichen Lust wie in Nietzsches »Trunkenem Lied« zu wahrem Schöpfertum:

O Mensch! Gib acht!
Was spricht, die tiefe Mitternacht?
»Ich schlief, ich schlief –,
Aus tiefem Traum bin ich erwacht: –
Die Welt ist tief,
Und tiefer als der Tag gedacht.
Tief ist ihr Weh –,
Lust – tiefer noch als Herzeleid:
Weh spricht: Vergeh!
Doch alle Lust will Ewigkeit –,
– Will tiefe, tiefe Ewigkeit!«

Aus ähnlichen Abgründen von Lust, Schmerz und dunkler Sehnsucht schöpft Richard Wagner seine Motive. Seine Helden taumeln durch ihr Schicksal, und ihr Schöpfertum ist unbewusst und tragisch. Tannhäuser, Siegfried und Parsifal, aber auch Venus, Brünnhilde und Kundry sind Schicksalsmächten ausgeliefert, die sie selbst nicht steuern können. Dies ist das Grundmodell des Wagner'schen Geniebegriffs. Das Genie lässt sich von den Schicksalsmächten zur Schöpfung treiben und folgt nur seiner, oft unbewussten, Berufung. Die Realisierung des Werks ist alleinige Richtschnur von Leben und Schaffen. So inszenieren Nietzsche und Wagner das Genie als Kult: Ihm ist alles gestattet, selbst die Übertretung der naturgegebenen Grenzen und der Gesetze.

In dieser Zeit gewinnt mit Cesare Lombrosos »Genio e Follia« (1864) die Diskussion um Genie und Wahnsinn an Bedeutung. Im ausgehenden 19., besonders aber im 20. Jahrhundert sieht man enge Verbindungen zwischen Kreativität und Wahnsinn, und kaum eine hervorragende Persönlichkeit bleibt von psychiatrischen Diagnosen verschont. Neben Übertreibungen, die in allem schöpferischen Tun krankhafte psychische Motive am Werk sehen, wird man aufmerksamer für die emotionalen Zerreißproben, denen Kreative ausgesetzt sind.

In der Mitte des 19. Jahrhunderts findet sich der Geniekult auch im politischen Bereich, etwa in der Napoleon-Verehrung. Später profitieren die Führer totalitärer politischer Systeme von der zunehmenden Popularisierung des Genialischen (Huber 2000). Extreme Beispiele sind Hitler und Stalin. Sie schaffen das Neue mit monströser Rücksichtslosigkeit. Der »Herrenmensch« ist eine gewalttätige Fiktion, die alles Naturgegebene, Kultivierte und Menschliche vernichtet. Die kreative Vernichtung richtet sich gegen das Leben selbst. In diesem Punkt ähnelt die Fiktion des »Herrenmenschen« derjenigen des »Neuen Menschen« im Stalinismus. Obwohl die Vorstellung des neuen Menschen vergleichsweise harmlos klingt, walzt sie, als politisches Programm verstanden, alles Natürliche und Menschliche, das sich ihrer Schöpfungsidee in den Weg stellt, nieder.

Die katastrophalen Erfahrungen mit charismatischen Führern mögen dazu beigetragen haben, dass der Geniegedanke durch seine Politisierung und Pervertierung in der zweiten Hälfte des 20. Jahrhunderts verblasst. »Genialität« wird zunehmend durch den Terminus »Kreativität« ersetzt. Persönlichkeiten wie Mahatma Ghandi, die sich weniger auf die Seite einer aggressiv innovatorischen, als auf die Seite einer gewähren und wachsen lassenden Schöpfungsvorstellung schlagen, werden durchaus als kreativ wahrgenommen. Und dennoch setzen sich immer wieder destruktive Kreativitätsvorstellungen durch. So sind Maoisten, Islamisten, aber auch manche Eiferer des technologischen Zukunftsoptimismus der Meinung, dass sie das Alte zerschlagen müssen, damit Neues wachsen kann. In diesem Glauben zerstören sie unwiederbringlich jahrtausendealte Kunstwerke und Heiligtümer, menschliche Werte und soziale Strukturen.

In unserer Zeit wird Kreativität nicht länger als Charakteristikum besonderer künstlerischer, wissenschaftlicher und politischer Persönlichkeiten angesehen. Sie wird in allen Bereichen menschlicher Tätigkeit vorgefunden. Angesichts dieser Verwischung von Grenzen etabliert sich eine breite Forschung, die versucht, dem Rätsel der Kreativität auf die Spur zu kommen. So unterschiedliche Persönlichkeiten wie die Politiker Bill Clinton und Nelson Mandela, die Softwarespezialisten und Wirtschaftsmagnaten Paul Allen und Bill Gates, die Wissenschaftler James Watson und Stephen Hawking, die bildenden Künstler Andy Warhol und Lucian Freud und die Musiker Paul McCartney und Mick Jagger werden als kreativ angesehen. Selbst im Sport rankt sich um Personen wir Pelé oder Michael Jordan ein Kreativitätsmythos. Haben alle diese Persönlichkeiten tatsächlich etwas Gemeinsames, oder ist es nicht besser, in Anlehnung an den Begriff der multiplen Intelligenz von multipler Kreativität zu sprechen? Damit ergibt sich aber die Aufgabe, Eigenschaften zu differenzieren, die kreative Persönlichkeiten und ihr jeweiliges Betätigungsfeld auszeichnen.

Die kreative Persönlichkeit

Wenn wir nach Entstehungsbedingungen der kreativen Persönlichkeit suchen, so fällt zunächst die Begabung ins Auge. Begabung kennzeichnet die Fähigkeit einer Person, eine bestimmte Leistung zu erbringen. Die eingangs beschriebenen Intelligenzen – sprachliche, logisch-mathematische, musikalische, körperlich-kinästhetische, räumliche, interpersonale und intrapersonale – sind zum großen Teil angeborene Begabungen. Selbst Persönlichkeitseigenschaften wie Frustrationstoleranz haben einen ererbten Anteil. Doch scheint hier das emotionale Klima der Sozialisation von mindestens ebenso großer Bedeutung zu sein. Besonders die motivationalen Faktoren Neugier, Interesse und Ehrgeiz sind von Umweltbedingungen abhängig.

Der Biologe und Nobelpreisträger Manfred Eigen (2000) resümiert die Ergebnisse der modernen Vererbungsforschung dahingehend, dass Kreativität als umschriebene Anlage nicht angeboren ist. Familien wie die Bachs im Bereich der Musik oder die Bohrs im Bereich der Naturwissenschaften sind eher Ausnahmen, die die Regel bestätigen, dass Genialität nicht vererbbar ist.

In der Kreativität wirken viele Begabungsfaktoren zusammen, sowohl ererbte als auch erworbene. Überhaupt sei es sinnlos, eine Trennung von Anlage und Umwelt anzunehmen, denn beide Faktoren bedingen sich gegenseitig und greifen ineinander. Das Zusammenwirken dieser Faktoren auf der Ebene der Organismen ist immer noch ein Buch mit sieben Siegeln. Obwohl die Molekularbiologie in den letzten Jahren Fortschritte gemacht hat, die noch vor wenigen Jahren unvorstellbar waren, sind der naturwissenschaftlichen Erklärung der Kreativität enge Grenzen gesetzt. Die Komplexität der Kreativität erlaubt lediglich, einzelne Talente wie die genannten Intelligenzen und Persönlichkeitseigenschaften als Voraussetzungen kreativer Tätigkeit zu isolieren.

Manfred Eigen findet einen weiteren Grund für die Begrenztheit biologischer Kreativitätsforschung und -förderung: Eine wirkliche Nachbildung der »Anatomie des Geistes« sei wegen der gestalthaften Natur der in den Erregungsmustern des Gehirns gespeicherten Programme nicht möglich. Die Unmöglichkeit, Kreativität naturwissenschaftlich zu verstehen, lasse sich am musikalischen Talent veranschaulichen. So kann man bei Mozart sehen, dass seine ererbte Musikalität keineswegs ausreichend für musikalische Kreativität war. Seine Fähigkeit, musikalische Strukturen zu erfassen und musikalische Phantasien zu gestalten, geht weit über das hinaus, was man genetisch und neurobiologisch erforschen kann. Zudem sind die für Kreativität so bedeutsamen Persönlichkeitseigenschaften wie Originalität, Hingabe, Phantasie und Selbstvertrauen naturwissenschaftlich nicht vollständig zu beschreiben. Es können immer nur physiologische Begleitvorgänge dieser Kategorien erforscht werden, aber nicht diese selbst. Naturwissenschaftler müssen deswegen die Erforschung der Eigenschaften des schöpferischen Menschen den Sozial-, Verhaltens- und Kulturwissenschaftlern überlassen. Norbert Elias beschreibt die Grenzen der Vererbungsforschung folgendermaßen:

»Wenn man von einer Struktureigentümlichkeit eines Menschen sagt, sie sei angeboren, dann unterstellt man, daß sie im gleichen Sinn wie seine Haare oder Augenfarbe genetisch bedingt, biologisch ererbt sei. Es ist jedoch schlechterdings ausgeschlossen, daß ein Mensch eine naturale, also in den Genen liegende Anlage für etwas so Künstliches besitzen könnte wie Mozarts Musik« (1991, S. 75).

Dies lässt sich analog auch für wissenschaftliche, politische und soziale Begabungen sagen.

Zur Frage, in welchem Lebensalter Begabungen sichtbar werden, existieren vielfältige Forschungsergebnisse. Musikalische Begabungen treten in der Regel früh in Erscheinung. Fast alle großen Musiker haben in der Kindheit oder frühen Jugend zu musizieren begonnen. Auch Maler und bildende Künstler zeigen ihr Talent schon in der Kinder- oder Jugendzeit. Man denke an die Genies der Renaissance Leonardo, Michelangelo und Raffael, deren Begabung schon im Knabenalter offensichtlich war, weswegen sie bereits als

Kinder zur Ausbildung in Malerwerkstätten gegeben wurden. Auch die bildenden Künstler der Neuzeit gaben sich früh zu erkennen. Picasso übertraf seinen Vater, einen ausgebildeten Kunstmaler, schon als Junge mit seinen gekonnten Taubenzeichnungen. Die großen Ölgemälde seiner Jugendzeit, beispielsweise die »Erste Kommunion«, sind technisch perfekt. Wissenschaftliche Talente zeigen sich später, obwohl ihr Forschungsdrang mitunter schon in der Kindheit sichtbar wird. Mathematiker vollbringen kreative Leistungen oft um das 20. Lebensjahr und Naturwissenschaftler treten meist um das 30. Lebensjahr hervor. Geisteswissenschaftler, Politiker und Unternehmer haben häufig einen kreativen Altersgipfel.

In Literatur und Philosophie ist ein Alterswerk besonders häufig. Goethe schrieb seine wunderbaren späten Gedichte jenseits des 60. Lebensjahres und der Faust wurde im 82. Lebensjahr vollendet. Der Philosoph Hans Georg Gadamer veröffentlichte sein Hauptwerk im 60. Lebensjahr und verfasste anschließend bis über das 90. Lebensjahr hinaus seine wichtigsten Aufsätze. Auch in der Politik gibt es einen Altersgipfel: Jimmy Carter startete innovatorische soziale Projekte in Afrika nach dem Ausscheiden aus seinen politischen Ämtern und tritt noch im hohen Alter durch originelle politische Ideen hervor.

Im Hinblick auf Persönlichkeitseigenschaften hebt die psychologische Forschung folgende Faktoren hervor: Unabhängigkeit, Nonkonformismus, weit gespannte Interessen, Offenheit für neue Erfahrungen sowie Risikobereitschaft (Funke 2000). Aus diesem Eigenschaftsprofil ergeben sich Chancen und Risiken sowie Strategien, kreative Personen gezielt zu fördern.

Auch aus psychologischer Perspektive reicht das Verständnis von Begabung, Motivation und Persönlichkeitseigenschaften nicht aus, um das Zustandekommen einer kreativen Schöpfung zu erklären. Die Einflüsse des sozialen Umfelds und der Domäne, in der sich die kreative Person betätigt, sind von ebenso großer Bedeutung. Bei der wissenschaftlichen Untersuchung dieser Einflüsse hat sich herausgestellt, dass kulturelle Diversität ein kreativitätsfördernder Faktor ist. So zeigen Arbeitsgruppen, die sich aus Mitgliedern unterschiedlicher Nationalität, Sozialisation und Ausbildung zusammensetzen, oft bessere Ergebnisse als kulturell und ethnisch homogene Gruppen. Dies ist aber nur der Fall, wenn kulturelle Diversität professionell gehandhabt wird.

Das Forschungsergebnis, dass Experten häufig flexiblere, unkonventionellere und nonkonformistischere Lösungen wählen als Unerfahrene, hat viele überrascht. Zur Entfaltung des kreativen Potenzials in der Wissenschaft sind Entscheidungsfreiheit, positive Bestätigungen und stimulierende Arbeitsgruppen unerlässlich. Als kreativitätshemmende Faktoren haben sich Druck von Kollegen, erwartete Evaluation und überraschenderweise auch Supervision herausgestellt.

Folgende Punkte sind aus denkpsychologischer Sicht für die Förderung des kreativen Potenzials maßgebend:
– intrinsische Motivation,
– Nonkonformismus,
– Selbstdisziplin,
– Überzeugung von der eigenen Sache,
– Toleranz für Kritik,
– sorgfältige Auswahl von geeigneten Arbeitsfeldern,
– divergentes Denken unter Berücksichtigung der Tradition,
– qualifizierte Mitarbeiter und
– persönliche Verpflichtung auf die kreative Unternehmung.

Zum Verhältnis von Kreativität und Geschlecht zeigt die Psychologin Annette Kämmerer, dass Frauen im Kreativitätsdiskurs sehr wenig vorkommen (2000). Dabei haben Studien zum Geschlechtsunterschied in der psychologischen Forschung eine lange Tradition. So hat man in sozialpsychologischen Untersuchungen herausgefunden, dass Frauen besser als Männer nonverbale Signale verstehen, in der sozialen Interaktion mehr lächeln und häufiger Blickkontakt suchen. Im Bereich der kognitiven Fähigkeiten gibt es kaum Unterschiede zwischen Frauen und Männern. Emotional sind Männer aggressiver, besonders im Bereich der physischen Aggression. Frauen neigen eher zu sozialer Konformität und bevorzugen einen demokratischen Führungsstil. Demgegenüber neigen Männer zum autokratischen Führungsstil.

Frauen schätzen sich im Durchschnitt als einfühlsamer, Männer als durchsetzungsfähiger ein. Die Geschlechtsstereotype stehen in Wechselwirkung mit Rollenanforderungen, die in unserer Gesellschaft an Frauen und Männer gestellt werden. Aus statusbezogenen und rollentypischen Verhaltensweisen wird oft auf Wesensmerkmale geschlossen. Deswegen ist es zur Entfaltung weiblicher Kreativität wichtig, Rollensterotype zu verlassen, die Kreativität verhindern können. Solange das Stereotyp des kreativen Mannes vorherrscht, sehen sich kreative Frauen dem Vorwurf der »Entfeminisierung« ausgesetzt.

Implizit sind in den sozialpsychologischen Forschungsergebnissen Wege zur Förderung der Kreativität von Frauen vorgezeichnet: Besonders die Rollenstereotype müssen verflüssigt werden, damit Frauen Neugier, Originalität und Ehrgeiz frei entwickeln können. Wenn die sozialen Rollen in Zukunft zunehmend flexibilisiert werden, ist zu erwarten, dass Frauen ihren Aufgaben autotelischer und kreativer nachgehen können. Hierzu sind sozial geachtete Freiräume notwendig, die eine Frau nicht mühevoll ihren Eltern, Partnern, Kindern und Kollegen abringen muss. In dieser Richtung kann man in den letzten Jahrzehnten positive Entwicklungen beobachten. In der Unternehmensberatung ist jedoch auffallend, dass Frauen häufig über bessere fachliche und persönliche Voraussetzungen als ihre männlichen Kollegen verfügen und dennoch keine Führungsposition übernehmen wollen.

Kreativitätsfördernde und -hemmende Entwicklungsbedingungen

In den Lebensgeschichten von Künstlern, Forschern und Politikern zeigen sich Begabung, Interesse und Ehrgeiz oft schon in der Kindheit. Dabei stellt sich immer wieder die Frage, welche biographischen Einflüsse die kreative Entwicklung fördern und welche Faktoren die Ausbildung von Talenten hemmen. Hierzu kann es keine einfachen Antworten geben, weil die unterschiedlichsten Bedingungskonstellationen in der Kindheit die Produktivität und Kreativität begünstigen oder beeinträchtigen können. Von bedeutenden Persönlichkeiten wird einerseits die Wichtigkeit der liebevoll fördernden Begleitung durch Eltern, Großeltern und andere Bezugspersonen betont. Andererseits entwickeln Talente ihre Kreativität auch in schwierigen familiären Bedingungen, die zum Beispiel zu einer frühen Trennung der Eltern führen. Einstein fühlte sich durch die positive Wertschätzung seiner Eltern sehr unterstützt. Demgegenüber empfand Sartre den frühen Tod seines Vaters als seiner Kreativität eher zuträglich. Die Genies der Renaissance wurden regelmäßig früh von ihrer Mutter getrennt und von einer Amme aufgezogen. Anschließend wurden die jungen Talente meist schon im zarten Knabenalter gänzlich von ihren Familien getrennt und traten in streng geführte Künstlerwerkstätten ein.

Denken wir an Kaiser Friedrich II. von Hohenstaufen, der wie kein anderer Herrscher seiner Zeit Kunst und Wissenschaft zugetan war und in einer blutrünstigen Epoche Kriegen und Gewalttaten kulturelle Werte entgegenstellte. Er verlor seinen Vater, einen brutalen Machtmenschen, mit zwei Jahren und seine geliebte Mutter mit vier. Dann wuchs er mit wechselnden Betreuungspersonen in einem ihm oft feindlich gesinnten Milieu auf. Trotz dieser widrigen Bedingungen entwickelte er sich zu einer kreativen Persönlichkeit von höchster Ausstrahlung, sodass man ihm den Beinamen »stupor mundi«, Staunen der Welt, verlieh.

Dennoch zeigt die Forschung, dass zentrale Voraussetzungen der Kreativität wie Neugier, Interesse und Ehrgeiz sowie Hingabefähigkeit, Selbstvertrauen und Frustrationstoleranz von Kindheitsbedingungen abhängen. Aufgrund der direkten Säuglingsbeobachtung und der Forschungen der Entwicklungspsychologie ist es unzweifelhaft, dass kindliche Neugier und Frustrationstoleranz von der positiven Begleitung durch wohlwollende Bezugspersonen begünstigt werden (Stern 1985). Das Explorationsverhalten von Säuglingen und Kleinkindern ist umso kreativer, je sicherer sie sich an ihre primären Bezugspersonen gebunden fühlen. Bindungsunsicherheit und emotionale Ablehnung seitens der Mutter stellen nur selten einen Anreiz zu aktiven Lösungsversuchen dar, in der Regel beeinträchtigen sie die Kreativität des Kindes erheblich. Auf diese Ergebnisse der Bindungsforschung werde ich in den Kapiteln über das kindliche Spiel und die kreative Bewältigung psychischer Konflikte zurückkommen.

Wir finden eine Fülle von Beispielen, die belegen, dass eine frühe Förderung der Begabung von unschätzbarem Wert ist. Noch bedeutsamer ist das affektive Klima in der Familie. Zugewandte und liebevolle Mütter gewähren ihren Kindern oft eine sichere Basis und einen emotionalen Spielraum, die für die Entwicklung von Neugier, Interesse, Phantasie und Selbstvertrauen notwendig sind. Sie können meist spontan die ersten Lautbildungen, Bewegungen und mimischen Ausdrücke emotional beantworten und positiv bestätigen. Kinder, die Vertrauen und Sicherheit erleben, können später leichter hohe Anforderungen erfüllen. Sie lernen leichter als Kinder, die in ihrem Leben schon früh Ablehnung und Verunsicherung erfahren haben.

Wichtig für die Entwicklung von Talenten ist auch die Zeit der Adoleszenz, in der Begabte oft entscheidende Impulse erhalten. Häufig wird von kreativen Individuen berichtet, dass sie in den emotionalen Turbulenzen und seelischen Verwirrungen der Pubertät eine besondere Kraft entdecken können. Es kommt zur Trennung von der Familie, das Gefühl des Aufgehobenseins weicht Grübeleien und Selbstzweifeln. In der pubertären Entfremdung und Einsamkeit stellen sich aber »ganz eigene« Gedanken ein, es entwickeln sich oft originelle und phantasievolle Ideen. Viele Adoleszente leiden darunter, dass sie in ihrer Peergroup nicht so aufgehoben sind wie andere. Manche können aber gerade in ihrer Einsamkeit und Isolation eine besondere Produktivität entfalten.

Zusammenfassend kann man sagen, dass produktive und kreative Menschen auch aus Widrigkeiten in ihrer Vergangenheit positive Impulse gewinnen können. Sie nehmen ungünstige Einflüsse ihrer Kindheit und Adoleszenz wahr, akzeptieren Defizite und entdecken Bereiche, in denen sie ihre Energien bündeln und in zielgerichtete Arbeit verwandeln können. Sie finden Spielräume für ihre Aktivitäten. In der geduldigen Versenkung und der Hingabe an ihre Aufgabe erleben sie eine tiefe Befriedigung, die mit geduldigem Ertragen von Einsamkeit und Enttäuschung einhergeht.

Nehmen wir noch einmal Mozart als Beispiel. Die frühe Beziehung zu seiner Mutter war zugeneigt und liebevoll. Der Vater war ein verlässlicher Dritter im Bunde, und auch mit seiner Schwester fühlte sich Mozart herzlich verbunden. Trotz aller materiellen

Versagungen und Schwierigkeiten bestand ein bindungssicheres familiäres Klima. Anerkennung und Lob spielten eine große Rolle. Der kleine Wolfgang Amadeus war glücklich, wenn er dem mürrischen Gesicht des Vaters durch sein Musizieren ein seliges Lächeln entlocken konnte. Die ersten Vertonungsversuche seines Sohnes hörte Leopold Mozart mit Tränen in den Augen. Es waren aber nicht nur Zuneigung und Liebe, die die musikalische Begabung von Wolfgang Amadeus antrieben. Mozart drückte durch die Musik seine Dankbarkeit für die mütterliche Liebe aus und war stolz, dass er die musikalischen Träume des Vaters erfüllen konnte. Auch die Hoffnung auf eine bessere materielle Zukunft könnte die musikalischen Bemühungen der Mozarts begünstigt haben. Die Bewältigung der Misere, der sich die Familie am verächtlich kalten Salzburger Hofe ausgeliefert sah, hat wahrscheinlich eine große Rolle für die Entwicklung Mozarts gespielt. Daneben mögen psychische Konflikte wie die innere Auseinandersetzung mit der väterlichen Strenge und die Rivalität mit der Schwester für die Entwicklung von Mozarts Talent bedeutsam gewesen sein.

Mozart konnte kraft seiner Begabung mit einer Leichtigkeit musizieren, die ihn unter den Zeitgenossen als Wunderkind berühmt machte. Spätere schmerzliche Erfahrungen wie der Tod seiner Mutter und die Zerwürfnisse mit seinem Vater führten zu Anstrengungen, die aus dem Talent einen Künstler machten. So lebt beispielsweise die Oper »Don Giovanni« von einer künstlerischen Verarbeitung der Liebessehnsüchte und Todesängste, die durch Konflikte mit seiner Frau und den Tod des Vaters erregt wurden. Mozart verfügte neben seinem musikalischen Talent über die Fähigkeit, die Schwierigkeiten der Kindheit und späterer Lebensphasen in ungewöhnlich hohem Maß durch künstlerische Arbeit und musikalische Phantasien zu bewältigen. Verletzungen und Versagungen konnte Mozart mit seiner kreativen Arbeit nicht nur lindern, sondern auf bleibende Weise gestalten.

Ein zeitgenössisches Beispiel dafür, wie die Bewältigung von schwierigen Entwicklungsbedingungen die kreative Arbeit begünstigen kann, ist der mittlerweile weltberühmte Sänger Thomas Quasthoff. Er wurde mit einer schweren Contergan-Behinderung geboren, die sowohl seine Arme als auch seine Beine betrifft. In einem Gespräch auf Schloss Elmau sagte mir Thomas Quasthoff, dass die Behinderung seine Kindheit und kreative Entwicklung wesentlich geprägt habe. Das Behindert- und Anderssein habe er früh gespürt, und die damit verbundenen Schmerzen und Zweifel hätten zu einer intensiven psychischen Auseinandersetzung geführt, die sonst nicht so früh im Leben eintrete. Ähnlich äußerte sich Hans-Georg Gadamer, der auf die Bedeutung seiner spinalen Kinderlähmung für seine geistige und emotionale Entwicklung öfter hinwies.

Neben der »Seelentiefe«, die durch seine körperlichen Einschränkungen begünstigt wurde, fühlte sich Thomas Quasthoff durch seine Behinderung auf eigentümliche Weise von Störungen befreit, sein Gesangstalent auszubilden. Die Körperbehinderung war zwar sehr einschränkend und macht ihn auch heute noch von ständiger Hilfe abhängig. Andererseits war er nicht blockiert durch diffuse Unvollkommenheitsgefühle, die bei durchschnittlicheren Menschen häufig, besonders in der Adoleszenz, zu inneren Spannungen und unkreativen Selbststilisierungen führen. Seine Behinderung war etwas sehr Fassbares, »da draußen« und weniger schädlich als die emotionalen Behinderungen, die Thomas Quasthoff in seiner Umgebung ständig beobachten muss. Die Betroffenen können ihre emotionalen Blockaden und Verbiegungen jedoch meist selbst nicht wahrnehmen und verändern. Sie sind auf eine unbewusste Weise nachhaltig in ihrer Kreativität beeinträchtigt.

Natürlich ist Thomas Quasthoff von Verstimmungszuständen und ärgerlichen Impulsen nicht verschont. Er nennt dies »cholerische Krisen«. Ein Freund und Lehrer gab ihm den lapidaren Rat: »Pack's in die Musik.« Wir finden hier wieder eines der wesentlichen Geheimnisse der Kreativität: Schmerz und Leid werden umgesetzt in das Werk.

Von besonderer Bedeutung für Thomas Quasthoff war die Unterstützung durch seine Familie. Die Eltern und Brüder behandelten ihn nie als Behinderten und waren immer für ihn da. Als er in seiner Heimatstadt in keiner regulären Schule aufgenommen wurde, musste er in ein Internat eintreten. Der Umgang, den einige Erzieherinnen mit ihm pflegten, sei »schlichtweg sadistisch« gewesen. Es habe ihn gerettet, dass die Eltern ihn jede Woche nach

Hause holten. Heute ist Thomas Quasthoff glücklich, dass er mit seiner Kunst und seinem Erfolg den Eltern seinen Dank erweisen kann.

Die Beziehungen zu Eltern, Geschwistern, Liebespartnern, Freunden und Kindern sind für die meisten Menschen eine wesentliche Motivation zur schöpferischen Arbeit. Wissenschaftler wie Albert Einstein, Wirtschaftsmagnaten wie Bill Gates und Politiker wie John F. Kennedy beschreiben, wie wichtig für ihre Leistungen die Beziehung zu Eltern, Partnern und Freunden war. Diese persönlichen Bindungen müssen nicht immer harmonisch und unterstützend sein: Gerade aus rebellischen Impulsen kann Kreativität erwachsen. Dies scheint jedoch in den einzelnen Domänen unterschiedlich zu sein. Wissenschaftler haben überzufällig häufig stabile Familienverhältnisse, während sich manche Formen der künstlerischen Kreativität nur schlecht mit einem geregelten Familienleben vertragen. Dennoch wird auch bei den Musikern, Dichtern und Malern deutlich, wie wichtig die Anerkennung seitens ihrer Eltern und Lebenspartner ist. Von Picassos Mutter wird erzählt, dass sie ihrem kleinen Sohn ehrgeizig und stolz prophezeit habe, dass er sicherlich General werde, wenn er die militärische Laufbahn einschlage, oder Papst, wenn er sich für eine kirchliche Laufbahn entscheide. Ähnliche Prophezeiungen sind von den Müttern Goethes und Freuds überliefert. Es hat den Anschein, als könne die Idealisierung der Mütter die Kreativität ihrer Kinder fördern:

»Wenn man der unbestrittene Liebling der Mutter gewesen ist, so behält man fürs Leben jenes Eroberungsgefühl, jene Zuversicht des Erfolges, welche nicht selten wirklich den Erfolg nach sich zieht« (Freud 1915, S. 26).

Goethe und Freud beschreiben aber auch die Bedeutung der intellektuellen Förderung durch ihre Väter, denen sie jedoch bald »über den Kopf wuchsen«. Picasso erzählt, dass er durch die Malerei zu seinem Vater eine Verbindung herstellen konnte, die sonst nicht möglich gewesen wäre.

Möglicherweise trägt jedes Kunstwerk und jede große Leistung Züge von manchmal stillen und zaghaften, manchmal lautstarken und mutigen Liebesregungen. Picasso ist für das Letztere ein strahlendes Beispiel: Nachdem er dem liebevollen Elternhaus entwachsen war, ist sein Leben und Künstlertum geprägt, ja abhängig von leidenschaftlichen Liebesbeziehungen. Erotik und künstlerische Werke waren eng miteinander verknüpft und ermöglichten Picasso einen intensiven Kontakt mit seinen Mitmenschen und seiner Umwelt, ohne den er nicht lebensfähig gewesen wäre.

Wie Picasso finden kreative Menschen trotz aller emotionaler Turbulenzen Spielräume, in denen sie sich losgelöst von inneren und äußeren Konflikten ihrer Arbeit widmen können. Wenn ein Minimum an existenzieller Sicherheit gegeben ist, äußert sich eine ursprüngliche Kreativität, die in jedem Menschen mehr oder weniger angelegt ist.

Umgebungsbedingungen

Da eine kreativitätsfördernde Umgebung in der Entwicklung von Talenten eine wesentliche Rolle spielt, ist es eine zentrale Aufgabe von Elternhaus, Kindergärten, Schulen, Hochschulen, Unternehmen und Organisationen, nicht nur Begabungen zu erkennen, sondern auch geeignete Rahmenbedingungen zu schaffen, in denen sich Talente entfalten können. Schon der Zugang zu einer Tätigkeit, für die ein junger Mensch talentiert und motiviert ist, stellt ein häufig unterschätztes Problem dar. In vielen Bereichen, zum Beispiel in der Wissenschaft und Politik, bedürfen begabte und motivierte Personen langer Anlaufzeiten, um Anschluss an ein ihnen entsprechendes berufliches Feld zu finden. Ist dies gelungen, so müssen sie von Kollegen und Mentoren adäquat begleitet werden. Leider ist es in vielen Hochschulen und selbst in politischen Organisationen Glückssache, ob ein Talent eine persönliche Förderung erhält. Alle Beteiligten finden eine solche Förderung wichtig, aber es bestehen keine hinreichenden Organisationsstrukturen, um diese Einsicht umzusetzen.

Neben den objektiven Bedingungen stellen sich oft auch subjektive Konflikte einer persönlichen Begabungsförderung in den Weg. Viele Talente lehnen Mentoren und Leitbilder ab. In ihrem Streben nach Originalität und Unabhängigkeit fällt es ihnen schwer, auch potenziell hilfreiche Autoritäten anzuerkennen. Dabei spielen ungelöste Rivalitätsprobleme eine oft unterschätzte Rolle. Die Annahme von Regeln der Expertengemeinschaft ist für originelle und kreative Persönlichkeiten oft so schwierig, dass Konflikte mit den Kollegen ihr kreatives Potenzial schwer beschädigen.

Es ist augenfällig und dennoch zu wenig beachtet, dass die verschiedenen Domänen sehr unterschiedliche Anforderungen an die kreative Begabung, Motivation und Persönlichkeit stellen. Auch die eigenwilligsten Persönlichkeiten sind abhängig von Umständen, die man in der Wirtschaft als innovationsfreundliche Rahmenbedingungen bezeichnet. Diese müssen es den Schaffenden durch flexible Arbeitsformen ermöglichen, ihren persönlichen Arbeitsstil zu entwickeln. Weiterhin ist ein offenes Kommunikationsklima günstig, in dem produktive Menschen ihre Gedanken mitteilen können. Die Art der Kreativität, ihre fördernden Bedingungen und schädlichen Hemmnisse sind in den verschiedenen Domänen aber sehr unterschiedlich. So müssen Wissenschaftler auf sinnliche Reize verzichten, um sich auf ihre Arbeit zu konzentrieren. Sie stellen Gefühle, Phantasien und Träume in den Hintergrund. Nach Schopenhauer ist das Genie »höchster Intellekt mit vollkommener Objektivität«.

Hieraus ergeben sich andere emotionale Probleme als bei Dichtern, für deren kreative Arbeit die Nähe zur Traum- und Phantasiewelt durchaus förderlich ist. Wissenschaftler müssen es ertragen können, lange Zeit an einem Gedanken oder Projekt zu bleiben und auf ihre sinnlichen Empfindungen zu verzichten. Sie werden erst nach langer geduldiger Arbeit durch die Schönheit einer mathematischen Beweisführung oder die Stimmigkeit eines Experimentes entschädigt.

Die domänenspezifischen kreativen Chancen und Risiken schlagen sich auch im Lebensstil nieder. Nonkonformismus dient zum Schutz eines geregelten persönlichen Lebensrhythmus. So sagt Einstein: »Man kann sich aber durch Verstoß gegen den guten Ton eine schöne Ungestörtheit verschaffen, und dies tue ich« (zit. nach Fölsing 1995). Die Arbeit selbst bleibt unbeeindruckt von äußeren Erfahrungen und seelischen Turbulenzen, ganz anders als bei Künstlern, um noch einmal die idealtypische Polarität von Wissenschaftlern und Künstlern zu bemühen. Für sie ist die Abhängigkeit von der umgebenden, ästhetisch und leidend erfahrenen Welt häufig das entscheidende Moment der Kreativität: Sie tragen oft die ganze Welt mit allen Turbulenzen in ihrer Brust und umspannen sie durch ihre inneren Spannungen. Demgegenüber sind die wissenschaftliche Arbeit und ihre Rahmenbedingungen wesentlich nüchterner:

»Kreativität bedeutet insofern einen ökonomischen, sparsamen, kunstfertigen Prozess der Generierung von geeigneten Lösungsvorschlägen unter Nutzung unterschiedlichster Heuristiken, gekoppelt mit einem leistungsfähigen Bewertungsprozess« (Radermacher 1995, S. 545).

Die Gegenüberstellung der politischen, wirtschaftlichen, wissenschaftlichen und künstlerischen Kreativität soll nicht darüber hinwegtäuschen, dass in vielen Politikern, Wirtschaftsfachleuten und Wissenschaftlern eine künstlerische Natur schlummert. Gerade politische Menschen zeigen oft ausgeprägte künstlerische Interessen. Dennoch ist es für das Verständnis und die Förderung von Kreativität von elementarer Wichtigkeit, die spezifischen Anforderungen, Chancen und Risiken jeder Domäne zu berücksichtigen.

Faszination

Bevor ich mich dem kreativen Prozess widme, möchte ich die bisherigen Ergebnisse zusammenfassen. Dabei werde ich mich des Akronyms FASZINATION bedienen. Es soll noch einmal das Zusammenspiel von Begabung, Motivation, Persönlichkeit und Rahmenbedingungen beleuchten.

F lexibilität bezeichnet die Fähigkeit und Bereitschaft, neue Erfahrungen zu machen. Wie das Kind mit Offenheit und Erstaunen neue Ereignisse wahrnimmt, so überlässt sich der Kreative ungewöhnlichen Einfällen mit spielerischer Freude. Mozart beschreibt, wie sich die musikalische Idee ohne sein Zutun entwickelt und er selbst ein biegsames Medium zu ihrer Verwirklichung ist. Aber nicht nur in den Künsten, auch in der Wissenschaft ist Flexibilität gefragt. So kann man auch in den Naturwissenschaften von der kreativen Öffnung für neue Erfahrungen sprechen. Erfolgreiche Wirtschaftsmanager und Politiker überlassen sich in ihrer Arbeit in bestimmten Zeiten einem inneren Spielraum, in dem sie sich ungewöhnliche Ideen erlauben. Man kann diese Flexibilität sogar trainieren: In schwierigen Arbeitsphasen oder komplizierten Verhandlungen verlassen Politiker und Wirtschaftsfachleute – oft von den anderen unbemerkt – für kurze Zeit das umschriebene Thema. Sie beschäftigen sich gezielt mit anderen Dingen und lassen die augenblickliche Gesprächssituation auf sich wirken. Sie stellen sich beispielsweise vor, welchem Stammesritual die Gesprächspartner folgen. »Wer ist der Häuptling, die Gefolgschaft, der Abtrünnige, wer wird an den Marterpfahl gebunden?« Andere stellen sich eine Commedia dell'Arte mit Arlecchino, Capitano, Dottore, Colombina und Amorosi vor. Auf diese Weise verlässt man zwar die sachliche Gesprächsebene, doch kann dies durchaus die Sensibilität für irrationale Verwicklungen wecken und zu neuen – emotional intelligenten – Einsichten führen.

Die Kunst erfolgreicher Verhandlungen hängt oft vom Gleichgewicht zwischen sachlich kompetenter Argumentation und flexiblem Spiel mit situativen Möglichkeiten ab. Flexibilität befände sich allerdings ohne ihren Gegenspieler, die Stabilität, im leeren Raum. Man könnte paradox formulieren, dass Offenheit und Veränderungsbereitschaft nur auf dem Boden ausreichender Sicherheit und »Erdung« möglich sind. Gerade hieran scheitern viele Begabte: Sie respektieren nicht, dass Kreativität auch klare Strukturen und sichere Rahmenbedingungen erfordert.

Dies ist allerdings in den verschiedenen Sphären der Kreativität höchst unterschiedlich: Politiker oder Wirtschaftsmanager werden wesentlich klarer ihre Rahmenbedingungen definieren müssen als Künstler und sich seltener und kontrollierter ihren Tagträumen überlassen. Künstler werden demgegenüber emotionaler Flexibilität den entscheidenden Platz in der kreativen Imagination einräumen. Politiker, Wirtschaftsmanager und Wissenschaftler werden intellektueller, sach- und ergebnisorientierter arbeiten, während es Künstlern gestattet ist, sich für längere Zeit in das Innenleben zurückzuziehen und sich unbewussten Prozessen zu überlassen. Die lange Vorbereitungs- und Inkubationszeit ist auch Wissenschaftlern gestattet, während Politiker und Wirtschaftsmanager ihre Einsichten und Handlungen schnell umsetzen und einem breiten Publikum verständlich mitteilen müssen. Deswegen ist es für die kreative Flexibilität so bedeutsam, den richtigen Rahmen für die spezifische Begabung zu finden.

Assoziatives Denken als ein Aspekt von Kreativität ist oft schon in der Kindheit zu bemerken. Es spielt in den Künsten eine besonders wichtige Rolle. Aber auch in der Wissenschaft ist assoziatives Denken gefragt. Der »kreative Sprung« kommt häufig zustande, wenn man nicht in den aufgeblendeten Scheinwerfer des Themas schaut, sondern aus dem Lichtkegel heraustritt und die Sache aus einer anderen Perspektive betrachtet. Assoziatives Denken ist in Politik und Menschenführung von großer Bedeutung, wo es um intuitives Verstehen komplexer Zusammenhänge geht. Aus assoziativem Denken darf jedoch kein Fetisch werden. Es kann als richtungslose Träumerei die produktive Realisierung verhindern. Die Kommunikation mit Freunden, Kollegen und Beratern kann dann das rechte Verhältnis von kreativer Illumination und realistischer Umsetzung herstellen. Jede erfolgreiche politische Vereinigung, jede Forschergruppe und jedes moderne Unternehmen lebt davon, die kreative Illumination des Einzelnen zu einer produktiven und zielgerichteten Realisierung zu bringen. In der Beratung von Führungskräften sieht man immer wieder, wie schwierig es ist, die assoziative Idee des Einzelnen in eine konstruktive Gruppeninitiative zu verwandeln. Dies ist auch eine Herausforderung in der modernen Wissenschaft. Da große Leistungen nicht mehr vom genialen Einzelnen, sondern von großen Forschungsgemeinschaften erbracht werden, ist ihre Produktivität und Kreativität von dem gelungenen Gleichgewicht individueller und gemeinschaftlicher Arbeit abhängig. Wenn undurchsichtige Gruppenprozesse diese Integration verhindern, ist eine externe Beratung häufig von großem Wert.

Selbstvertrauen ist für den kreativen Prozess und die kreative Persönlichkeit ein delikates Thema. Kreativität, verbunden mit Flexibilität und assoziativem Denken, stellt den Einzelnen vor Zerreißproben. Das Verlassen des Gewohnten labilisiert oft das Selbstvertrauen, führt aber auch gern zu Überheblichkeit. Bei Künstlern wie van Gogh und dem frühen Picasso, Beethoven und Mahler, Hemingway und Philipp Roth finden wir hoffnungslose Verzagtheit und den Verlust jeden Selbstvertrauens im kreativen Prozess im raschen Wechsel mit dem Gefühl besonderer Kraft und Größe, das mit arrogantem Verhalten einhergeht. Auch Politiker und Wirtschaftsmanager kennen die Gefährdungen ihres Selbstvertrauens bei großen Aufgaben. Sie sprechen allerdings nur im kleinen Kreis mit ihren Beratern über diese Anfechtungen. Selbstvertrauen und Selbstsicherheit werden oft durch die besondere Intensität der kreativen Arbeit bedroht. Der Kreative tritt aus seinen alltäglichen Bindungen heraus, ob er sich nun als Prometheus oder »mad scientist« fühlt. Originelle Menschen leiden häufig unter dem Verlust der gewohnten Sicherheiten, sie fallen im wahrsten Sinne des Wortes aus dem Rahmen. Dies kann zu Selbstzweifeln führen, die auch von strahlenden Kreativen berichtet werden.

Man kann den damit verbundenen Gefährdungen der kreativen Arbeit durch verschiedene Techniken begegnen. Viele Künstler entwickeln zum Beispiel strenge Arbeitsrituale. Nicht nur Thomas Mann, dessen Naturell einer disziplinierten Tagesstrukturierung entgegenkam, sondern auch Persönlichkeiten wie García Márquez schaffen sich minutiös geplante Arbeitsrituale, um sich gegen die Labilisierung des Selbstgefühls im kreativen Prozess zu schützen. Gegenstände wie eine besondere Schreibmaschine, ein bestimmter Tisch, eine Blume oder eine Landschaft werden zu Fetischen, die die bösen Geister bannen. Von Frédéric Chopin wird gesagt, dass die beruhigende Hand von George Sand sein Selbstgefühl stabilisierte und seine kompositorischen Einfälle förderte.

Kleidung, Auftreten und Rhetorik der Politiker dienen nicht nur der Darstellung, sondern stellen Rituale zur Festlegung der eigenen Rolle in der Öffentlichkeit dar. Der kostbare Füllfederhalter und die Manieren des Wirtschaftsmagnaten dienen nicht nur der Zurschaustellung, sondern auch der Selbstvergewisserung. In der Beratung können Techniken der Selbstreflexion, des inneren Dialogs und des fiktiven Rollenspiels vermittelt werden, um im kreativen Prozess bei sich zu bleiben.

Zielorientierung zeichnet die meisten Kreativen aus. In Politik und Wirtschaftsleben ist es offenkundig, dass die Konzentration auf umschriebene und erreichbare Ziele ein existenzieller Bestandteil erfolgreicher Arbeit ist. Diese Orientierung an Zielen verführt dazu, der politischen und wirtschaftlichen Arbeit den Anspruch auf Kreativität gänzlich abzusprechen. Diese Auffassung ist seit Aristoteles ebenso verbreitet wie unberechtigt. Selbst Dichter, die in ein unbewusstes Spiel mit ihren Phantasien versunken sind, müssen hartnäckig an ihrem Gestaltungsziel festhalten. Künstler und Wissenschaftler sind sich darin einig, dass der kreative Augenblick nur dem geschenkt wird, der sich geduldig seiner Arbeit widmet.

Wenn sich Zielorientierung mit Flexibilität und Phantasie paart, kann sich der kreative Prozess ereignen. Es bedarf dann einer gewissen Bereitschaft zur Kreativität, einer Achtsamkeit auf das Neue und Ungewöhnliche oder des Alten, das kreativ neu entdeckt wird. Selbst in der Musik ist eine strenge Zielorientierung, die Ausrichtung auf die Gesamtgestaltung, ein wesentliches kreatives Prinzip. Robert Schumann sagte einmal, dass man zunächst die Komposition im Kopf fertig stellen und sie erst anschließend am Instrument erproben solle.

Intelligenz, die übergeordnete Fähigkeit zur Erfassung und Herstellung anschaulicher und abstrakter Beziehungen, ist ein wesentliches Moment der Kreativität. Intelligentes und problemlösendes Verhalten spielt jedoch in den unterschiedlichen Feldern, in denen Kreativität fruchtbar wird, eine sehr unterschiedliche Rolle. Aus der Hochbegabtenforschung (Funke 2000) weiß man, dass oberhalb eines Intelligenzquotienten von etwa 120 eine Erhöhung der Intelligenz keine Auswirkungen mehr auf Kreativität hat. Emotionale Intelligenz, Motivation und Persönlichkeitseigenschaften sind entscheidende Faktoren, die kognitive Intelligenz fruchtbar machen. Auch Hochintelligente bleiben ohne Offenheit für das kreative Produkt häufig unfruchtbar. Die Bereitschaft, das Kreative geschehen zu lassen, könnte man als »gelassene Achtsamkeit« beschreiben. Demgegenüber stellen Unachtsamkeit und nur routinemäßiges Verhalten ein Kreativitätshemmnis dar. Für produktive Menschen ist Achtsamkeit auf das im kreativen Spiel-Raum der alltäglichen Arbeit Entstehende wichtiger als das Erlernen instrumenteller Kreativitätstechniken.

Nonkonformismus zeigt sich bei kreativen Persönlichkeiten schon in früher Jugend. Häufig findet man eine skeptische Einstellung gegenüber konventionellen Überzeugungen vor. Dies ist besonders für kreative Frauen von Bedeutung, weil sie zur Entdeckung ihrer Kreativität noch wesentlich größere gesellschaftliche Widerstände überwinden müssen als Männer. Clara Schumann, Niki de Saint Phalle und Jessica Lange sind besonders eklatante Beispiele für dieses Phänomen. Aber auch heute sind Frauen besonders im Wirtschaftsleben Pressionen ausgesetzt, die der nonkonformistischen Entdeckung ihres Potenzials im Wege stehen. Dabei ist es unbestritten, dass auch im Wirtschaftsleben Nonkonformismus ein wesentlicher Bestandteil von Kreativität ist.

Aus dem Bereich der Wissenschaft wird immer wieder berichtet, dass Nonkonformismus einen Schutz vor Störungen der kreativen Arbeit darstellt. Demgegenüber empfinden Politiker früh in ihrem Leben einen Drang, der Gemeinschaft anzugehören. So ist beispielsweise von John F. Kennedy und Bill Clinton bekannt, wie glücklich sie als Kinder waren, wenn sie mit Kameraden zusammen sein durften, für Gruppen etwas organisieren konnten und durch soziale Aktivitäten Anerkennung fanden. Die Balance zwischen Anpassung und Nonkonformismus ist für die kreative Entfaltung einer Begabung je nach Arbeitsgebiet und sozialem Umfeld höchst unterschiedlich. Dennoch bleibt ein balancierter Nonkonformismus ein wesentlicher Aspekt kreativer Persönlichkeiten. Kreatives Infragestellen führt jedoch auch häufig zu Ablehnung und Verunsicherung und das Ausweichen vor diesen Anfechtungen kann zu Hemmungen der Kreativität führen.

A uthentizität, das Gefühl, selbstverantwortlich einen sinnvollen Beitrag zu leisten, ist ein wichtiger Bestandteil der Kreativität. Dies scheint sowohl für Politiker, Wirtschaftsmagnaten, Wissenschaftler und Künstler als auch für die im Alltags- und im übrigen Berufsleben Stehenden zu gelten. Viele Menschen finden in ihren Tätigkeiten eine sichtbare Selbstverwirklichung. Sie leiden, wenn sie nur maschinell und automatisch arbeiten dürfen. Deswegen sucht jeder nach Bereichen, in denen er etwas »zustande bringt«. Naturgemäß sprechen Dichter am meisten von dieser jedem Kind eingeborenen Sehnsucht, sich selbst im Spiel und in der kreativen Gestaltung zu finden. Marguerite Duras sucht ihr »wirkliches Gesicht« in den Figuren, die sie schreibend entwirft, und Edith Piaf entdeckt sich und ihre Seele im Gesang. Die besondere Bedeutung der Selbst-Verwirklichung – der Erschaffung authentischer Individualität – wird uns weiter unten noch beschäftigen.

Authentizität bedarf der Unabhängigkeit und der Fähigkeit, allein sein zu können. Diese ist nicht immer leicht von unproduktiver Eigenbrötelei zu unterscheiden. Die Kommunikation der eigenen Ergebnisse ist dann von besonderer Bedeutung, um sich der Qualität seiner Werke zu vergewissern.

Transzendenz: Die Realisierung von Werten, die außerhalb der egoistischen Bedürfnisse liegen, ist eine wesentliche Voraussetzung der Kreativität. Sie werden von der Mutter praktiziert, die auf das Spiel ihres Kindes eingeht, und dem Liebenden, der sich einem anderen Menschen öffnet. »Das Über-sich-hinaus-Sein in einem Anderen« spielt eine besondere Rolle in der partnerschaftlichen Kreativität. Es ist aber auch als »Über-sich-hinaus-Sein« in einer Aufgabe oder einem Werk von großer Bedeutung.

Transzendenz beschreiben wiederum die Künstler eingehend, wenn sie von der Offenheit für Erfahrungen sprechen, die über sie hinausweisen: Paul Cézanne (1937) bemerkte in seinen Briefen, dass der Mensch sich ganz in der Landschaft verlieren solle. Die Landschaft spiegele sich dann, vermenschliche sich und denke sich in ihm. Dieses Sichüberlassen an Farben, Töne, Figuren, das Heraustreten aus sich selbst, hat Mozart oft beschrieben. Von Schubert wird berichtet, dass er ohne zu denken schreibt und beim Komponieren von einer unsichtbaren und geheimnisvollen Macht dirigiert wird.

Interesse, das Dabeisein und Teilnehmen, die Bereitschaft, sich einer Sache autotelisch zu widmen, ist ein weiterer Schlüssel zur Produktivität und Kreativität. Kreative Menschen können sich für eine bestimmte Zeit ihrer Aufgabe »voll und ganz« widmen. Diese Begeisterung geht mit einer Hingabe an die Sache einher, die das Ziel im kreativen Tun selbst findet und nicht in dessen Ergebnissen. Die kreative Versenkung lässt sich am Kinderspiel studieren, das ein natürliches Interesse an der Gestaltung von Lauten, Linien und Farben, Formen und Strukturen enthüllt. Dieses primäre Interesse muss man nicht erzeugen, sondern man muss ihm Raum geben. Ähnlich verhält es sich bei der Arbeit des Erwachsenen. Ob in Wissenschaft, Kunst, Politik oder Wirtschaft, immer geht es darum, während der Routinearbeit Spielräume für das Authentische und Interessante zu verteidigen.

Originalität, das heißt Eigentümlichkeit, Ursprünglichkeit und Echtheit, ist eher ein Ergebnis als eine Voraussetzung der kreativen Arbeit. Man kann sie beachten und zulassen, aber nicht wollen. Mozart und Schumann sagen von der originellen musikalischen Phantasie, dass sie sich durch Fleiß und Ausdauer einstellt. Kein kreatives Kind käme auf die Idee, etwas Originelles schaffen zu wollen. Die ersten Laute und Worte, die die Eltern mit Verblüffung und Begeisterung vernehmen, kommen durch eine primäre Kreativität, auf die ich noch eingehen werde, zustande und sind nicht gewollt. Leider wird Originalität durch Unachtsamkeit und Konformismus oft schon im Keim erstickt und muss große Widerstände überwinden, um vom Kreativen und seiner Umgebung zugelassen und vom Publikum beachtet zu werden. Originalität wird eben nicht nur als positiver Wert angesehen, sondern auch als eine Bedrohung des Gesicherten und Bewährten.

Neugier, das Verlangen, etwas Neues kennen zu lernen oder zu machen, ist Ausdruck von Lebendigkeit. Neugier führt aber nur zu kreativen Leistungen, wenn auch genügend Sicherheit in der Person und ihrer Umgebung vorhanden ist. Dies kann man schon am Explorationsverhalten von Säuglingen studieren. Sie lassen ihrem Neugierverhalten freien Lauf und spielen kreativer, wenn sie über hinreichend sichere Bindungen verfügen. Das Wechselspiel von Neuem und Bewährtem, die Balance von Sicherheit und Veränderungslust muss von jedem Kreativen und seinem Umfeld immer wieder neu definiert werden.

So basiert die Neugier des kreativen Politikers auf langer Erfahrung und geduldigem Respekt für das Mögliche. Kofi Annan und Jimmy Carter scheinen bei der Suche nach internationaler Verständigung gleichermaßen geduldig die bekannten Möglichkeiten zu nutzen wie ungewohnte Lösungen zu riskieren. Die »kreative Zerstörung« des Unternehmers ist nur ein Schlagwort. Seine Suche nach Innovationen verdankt sich seiner breiten Ausbildung, Erfahrung und lebenslangem Lernen. Unternehmerpersönlichkeiten stehen meist in einer langen Tradition und ihre Neugier wird erst produktiv, wenn sich fundierte Kennerschaft entwickelt hat.

Ähnlich verhält es sich bei Wissenschaftlern, deren Neugier erst kreativ wird, wenn sie in langen Studien viel gelernt haben. Künstler müssen sich in ihre Sache vertieft haben, um Nahrung für ihre Neugier zu finden. Auch die kreative Neugier des Alltagsmenschen steht in einer Tradition von Erfahrungen, ohne die sie im leeren Raum verpufft. Dies zeigen etwa die hilflosen Versuche, sich mit der geliehenen Vitalität von Drogen neue Erlebnisse und kreative Einfälle zu verschaffen. In der Entwicklung kreativer Neugier sind Eltern, Lehrer, Mentoren und Berater besonders gefordert, das rechte Maß von strukturiertem Lernen und freiem Entdecken zu fördern.

Aufgrund der Wichtigkeit günstiger Rahmenbedingungen entstehen vielerorts Modelle, wie man Begabungen in kulturellen, politischen und wissenschaftlichen Organisationen effektiv fördern kann. Einen Weg werde ich im Kapitel über Beratung und Coaching schildern. Durch professionelles Coaching lassen sich Konflikte zwischen Originalität und Anpassung, Unabhängigkeit und Kollegialität, Versenkung in die eigene Arbeit und Kooperation erfolgreich bewältigen.

Die geeigneten Rahmenbedingungen zur Verwirklichung von Talenten verfügen jedoch in jeder Domäne über eine andere Struktur. Deswegen werde ich das Zusammenspiel von produktiven Rahmenbedingungen mit Begabung, Motivation und Persönlichkeit beispielhaft an Bill Clinton, Bill Gates, Albert Einstein und Gabriel García Márquez am Ende der jeweiligen Abschnitte über Politik, Wirtschaft, Wissenschaft und Kunst darstellen.

Der kreative Prozess

Aufgrund wissenschaftlicher Untersuchungen und praktischer Erfahrungen kann man den kreativen Prozess in folgende Phasen unterteilen:
- Vorbereitung,
- Inkubation,
- Illumination,
- Realisierung und
- Verifikation.

In der Vorbereitungsphase wird das Problem oder das Thema gesichtet, und es entwickelt sich eine – mitunter unbewusste – Zielsetzung. Vorausgegangen ist immer ein jahre- bis jahrzehntelanger Weg der Ausbildung. Besonders Wissenschaftler brauchen sehr lange, bis der Zeitpunkt gekommen ist, dass sie ein eigenes Thema bearbeiten und eine originelle Lösung finden können. Streng genommen muss man auch die frühe Kindheit, die Schulzeit und das Studium zur Vorbereitungsphase des kreativen Prozesses rechnen. In dieser Zeit sollten die Talente möglichst intensiv ausgebildet werden, um einmal zu einem kreativen Schritt in der Lage zu sein. Wie wir in den Ausführungen zur kreativen Persönlichkeit gesehen haben, ist die Ausbildung der Begabungen allein aber nicht ausreichend. Der potenziell Kreative muss auch genügend Motivation entwickelt haben, um sich einer Sache neugierig und begeistert zu widmen. Seine Persönlichkeit sollte so weit entwickelt sein, dass er hinreichend ausdauernd und widerstandsfähig arbeiten kann. Deswegen sind die persönliche Geschichte und die Lebensumstände in der Vorbereitungsphase von großer Bedeutung.

Die Inkubationsphase leitet sich vom lateinischen Wort *incubatio* ab, das »auf etwas liegen« und »brüten« bedeutet. In der Biologie definiert man Inkubation als »entwicklungsfördernde Erwärmung«. In der Antike wird mit Inkubation der Schlaf an den Kultstätten bezeichnet, um ein Orakel, eine Heilung von Krankheit oder eine höhere Einsicht zu erhalten. Auch an christlichen Wallfahrtskirchen fand sich dieser Brauch. Dementsprechend zeichnet sich die Inkubationsphase dadurch aus, dass die Aufgabe beiseite gelegt und einer eigenständigen, unbewussten Bearbeitung überlassen wird. Auch die Inkubationsphase ist ein komplexes Phänomen: Eine lange Ausbildung hat vielschichtige Spuren hinterlassen, und der Schaffende kombiniert, oft unbewusst, das Gelernte in origineller Weise. Er muss bereit und fähig sein, sich seinen Themen für längere Zeit zu überlassen. Dies ist nicht immer einfach, und man geht leicht zum Alltagsgeschäft über, wenn der zündende Funke nicht schnell genug überspringt. Deswegen ist während der Inkubationsphase die Fähigkeit gefragt, auch ohne greifbares Ergebnis die Gedanken schweifen zu lassen und geduldig nach dem richtigen Gleichgewicht von zielgerichteter Aktivität und freiem Phantasieren zu suchen.

In der dritten Phase kommt es zur Illumination, zur Erleuchtung. Im Hintergrund dieses Begriffs klingt die Lehre von Augustinus an, nach der die menschliche Erkenntnis durch ein geistiges Licht ermöglicht wird. Die Illumination im kreativen Prozess tritt selten als plötzliche Eingebung auf, sondern ist meist eine komplexe Wahrnehmungsgestalt, die sich schrittweise entwickelt. Der kreative Funke bereitet sich meist langsam vor, tritt immer wieder als Rauchsignal bei der Arbeit auf und verschwindet wieder, um dann irgendwann als eine Gestalt greifbar zu werden. Plötzliche Eingebungen wie Kekulés Traum von der Schlange, die sich in den Schwanz beißt und ihn so zur Vorstellung des Benzolrings inspirierte, sind große Ausnahmen. Selbst hier zweifelt man an einer plötzlichen Illumination und gewinnt den Eindruck, dass die Erzählung von Kekulé eine anekdotische Verkürzung seines jahrelangen Schaffensprozesses ist. Auch Goethes Gedichte, die ihm nach dem Schlaf in fertiger Gestalt vor Augen stehen, sind lange vorbereitet, entwickeln sich hier- und dorthin, werden bewusst und unbewusst ständig bearbeitet, bis sich die fertige Gestalt »wie von selbst« einstellt. Wagner erhielt die Eingebung seines berühmten Es-Dur-Akkords, der rauschhaft die Ouvertüre des »Rheingold« durchströmt, während einer Lebensmittelvergiftung, die ihn in einen somnambulen Zustand versetzte. Kreativ war jedoch nicht dieser Einfall, sondern die Durchführung des Akkords in einer komplexen musikalischen Gestaltung. Dennoch ist es wichtig, auf den Punkt der Illumination zu achten und das sich in ihm Verdichtende festzuhalten. Deswegen ist für die kreative Illumination nicht nur die originelle Verknüpfung von Bedeutung, sondern auch eine Persönlichkeit, die genügend strukturiert und selbstsicher ist, das Gefundene umzusetzen. In der Realisierungsphase, in der das Thema ausgearbeitet wird, sind Motivation und Persönlichkeitseigenschaften von besonderer Bedeutung. Viele Talente sind gut ausgebildet, widmen sich einer Aufgabe hingebungsvoll und empfangen auch einen kreativen Funken. Um eine Idee zu realisieren, braucht es jedoch mehr als Vorbereitung, Inkubation und Illumination. Neben Leidenschaft, Neugier und Originalität ist jetzt die Widerstandsfähigkeit gefragt, um den meist langsamen Fortschritt der Arbeit und die Enttäuschung, dass mit der beglückenden Illumination noch gar nichts gewonnen ist, ertragen zu können. So unterschiedliche Persönlichkeiten wie Goethe und Edison stimmen darin überein, dass in ihren Werken »ein Prozent Inspiration und neunundneunzig Prozent Transpiration« enthalten sind. Beide sagen: »Genie ist Fleiß.« Viele Kreative scheitern in dieser Phase, in der Geduld und Beharrlichkeit gefragt sind. Oft gerät während der mühevollen Arbeit, die dem glücklichen Einfall nur hinterherschleicht, das Selbstgefühl ins Wanken. Die meisten Kreativen berichten von den Anfechtungen während der langen Zeit der Realisierung ihres Werks. Sie werden labilisiert, verwerfen selbst gute Einfälle und haben Schwierigkeiten, in Einsamkeit mit sich und ihrer Aufgabe zu ringen. In der Hingabe an ihr Werk müssen sie sich von alltäglichen Beschäftigungen zurückziehen und den Kontakt mit ihrer Umwelt lockern. In entscheidenden Phasen der Realisierung spüren sie, dass sie auf eine sehr radikale Weise allein sind und auch allein sein müssen. Dies kann Angst erzeugen und zu einem Verlust des Selbstgefühls führen. Aus diesen Gründen ziehen sich manche Kreative von ihrer Arbeit zurück und bleiben trotz leidenschaftlichen Interesses und origineller Einfälle unfruchtbar.

Sie benötigen dann gute Berater, um Krisen der kreativen Realisierung zu meistern.

Die letzte Phase im kreativen Prozess kann man als Verifikation, also Überprüfung und Bestätigung bezeichnen. Der Schaffende muss sein Werk selbst prüfen, und andere müssen bestätigen, dass das Ergebnis seiner Arbeit gut ist. Oft betrachtet der Kreative sein Produkt mit Zweifeln und zögert, es von einer größeren Expertengemeinschaft beurteilen zu lassen. Dies ist aber der entscheidende Abschluss des kreativen Prozesses: Die Expertengemeinschaft entscheidet in aller Regel, ob ein Produkt einen kreativen Beitrag zur jeweiligen Kultur leistet oder nicht. Im Wirtschaftsleben und in der Wissenschaft ist dies offensichtlich. Die kreative Leistung wird durch beruflichen Status und hohes Einkommen oder durch akademische Würden und Forschungsmittel belohnt. Dies erhöht häufig die Anstrengungen und so steigern Verifikation und Belohnung die Motivation, weiterhin beharrlich zu arbeiten. Noch unmittelbarer ist die Verifikation der Produktivität in der Politik. Nach jeder Abstimmung spürt der Politiker, ob seine Arbeit angenommen wird. Dass im Verifikationsprozess viele kreative Leistungen nicht erkannt werden, ist nichts Ungewöhnliches. Kritiker politischer Systeme sagen sogar, dass der Verifikationsprozess in der Politik zu einer systematischen Unterdrückung origineller Ideen und zu einer Bevorzugung des Durchschnittlichen führt. Wir werden uns mit dieser Kritik im Kapitel zur Politik auseinander setzen.

Auch in der Wissenschaft beklagt man, dass in den gängigen Evaluationsverfahren nur Mainstream-Leistung anerkannt, das wirklich Exzellente aber leicht übersehen wird. Diese Gefahr besteht auch in den Künsten. Gerade in diesem Bereich lädt das verkannte Genie zur Legendenbildung ein. In der Kreativitätsberatung sieht man jedoch, dass das verkannte Genie die große Ausnahme ist und kreative Leistungen von der Expertengemeinschaft in der Regel erkannt werden. Allerdings verstecken sich viele Talente und bedürfen einer gezielten Unterstützung, um rechtzeitig die Ergebnisse ihrer Arbeit Freunden, Mentoren, Kollegen und der fachlichen Öffentlichkeit zu zeigen.

Die Phasen des kreativen Prozesses folgen nicht linear aufeinander, sondern durchdringen sich gegenseitig in einem Rückkopplungskreis. So führt eine positive Bestätigung in der Verifikationsphase zu neuen Vorbereitungsarbeiten und unterstützt die produktive Realisierung. In der erneuten Vorbereitungs- und Realisierungsphase stellen sich neue Ideen ein, die wiederum zu originellen Ergebnissen und Anerkennung in der Expertengemeinschaft führen. Dies verstärkt Interesse, Selbstvertrauen und Mut, sich freier der nächsten Inkubations- und Illuminationsphase zu überlassen. Dieser Prozess wird meist von Enttäuschungen und Kränkungen, berechtigter und unberechtigter Kritik begleitet. Wie der Kreative damit umgeht, ob ihn die Urteile der Freunde, Mentoren und der Öffentlichkeit anspornen oder lähmen, ist weniger eine Frage seines Talents als vielmehr seiner Persönlichkeit und Lebenssituation. An diesen Punkten setzt die Kreativitätsberatung an. Sie soll bewirken, dass sich der Kreative bei Widerständen und Enttäuschungen nicht gekränkt zurückzieht oder seinen Ärger selbstschädigend ausagiert, sondern aktiv seiner Berufung folgt.

Neurowissenschaftliche Aspekte

Das psychologische und Erfahrungswissen zum kreativen Prozess wird durch die neurowissenschaftliche Forschung bestätigt und ergänzt. Besonders die Studien von Andreasen (2005) haben gezeigt wie wichtig das Zusammenspiel von Vorbereitung, Inkubation und Illumination ist. Sie konnte nachweisen, dass die Aktivität des Assoziationskortex – dies sind Fasern im Gehirn, die weit entfernte Areale miteinander verbinden – im ruhigen ungerichteten Denken am aktivsten sind. Mit ihren Studien lässt sich untermauern, dass unkontrolliertes Fernsehen, Computerspielen und Internetsurfen kreative Prozesse zerstört. In diese Richtung weisen auch die Untersuchungen von Manfred Spitzer (2002).

Kreativität in unterschiedlichen Domänen

Wir haben gesehen, dass Kreativität in verschiedenen Lebensbereichen und Arbeitsfeldern erhebliche Unterschiede aufweist. Analog zum Begriff der multiplen Intelligenz könnte man auch von multipler Kreativität sprechen. Ich will mich jetzt den Feldern Politik, Wirtschaft, Wissenschaft und Kunst eingehender widmen und jeden Bereich mit einem prominenten Beispiel illustrieren.

Politik

Es mag überraschen, wenn man von politischer Kreativität spricht. Im geduldigen Verhandeln und bescheidenen Ausgleichen von Interessen scheinen kreative Inspirationen eher fehl am Platz zu sein. Der politische Alltag in demokratisch verfassten Gesellschaften setzt der Kreativität durch Gesetze, Mehrheitsverhältnisse, Kompromisse und Beharrungstendenzen enge Grenzen. Im politischen Feld prallen origineller Anspruch und begrenzte Wirklichkeit schroff aufeinander. Politisch erfolgreiche Persönlichkeiten zeichnen sich gerade dadurch aus, dass sie geduldig greifbare Ziele verfolgen und den kühnen Flug der Phantasie geflissentlich auf den Boden der Tatsachen bringen. Dennoch gibt es in der Politik Chancen, Neues zu erfinden, Bekanntes in einen neuen Zusammenhang zu stellen und von althergebrachten Denk- und Verhaltensschemata abzuweichen. Politiker haben oft einen beträchtlichen Gestaltungsspielraum. Kreative Politik schafft Räume und Strukturen, die bei den unterschiedlichsten Themen zu neuen Kooperationen und Ideen führen. In der Weltpolitik bringen Persönlichkeiten wie Kofi Annan und Michael Gorbatschow zunächst ungewöhnliche Ideen ein, die nach einer gewissen Zeit als kreative Weiterentwicklung der internationalen Diskussionskultur erkannt werden.

Kreatives Verhandeln, das Suchen nach neuen und originellen Lösungen von Konflikten, ist zu einem der wichtigsten politischen Instrumente demokratischer Kultur geworden (Pfetsch 2000). Durch analytische und systematische Bearbeitung macht die Forschung das Verhandlungsfeld durchsichtiger und überschaubarer. Sie kommt dadurch nicht immer zu gänzlich neuen Einsichten, eröffnet aber neue Perspektiven. Auch Altbekanntes und früher Praktiziertes kann durch wissenschaftliche Reflexion zu neuen Einsichten führen und dadurch auf die Praxis zurückwirken. Den kreativen Verhandlungsprozess kann man in drei Phasen unterteilen:
– Hervorbringung (Invention),
– Durchsetzung (Innovation) und
– Verbreitung (Diffusion).

Durch kreatives Verhandeln kann in der Politik der Ausgleich gegensätzlicher Interessen entweder mit einem gänzlich neuen Problemlösungsinstrument oder durch eine Kontextänderung herbeigeführt werden. Pfetsch begründet mit Hegel, dass in der Regel »Interesse nur vorhanden ist, wo Gegensatz ist«. Diesen Satz könne man auch umkehren: Erst das Entgegengesetzte generiert Interessen. Gegensätze können im zwischenmenschlich-privaten oder im politisch-öffentlichen Bereich existieren. Streit, Kampf und Krieg gibt es immer dann, wenn sich gegensätzliche Interessen in Bezug auf ein bestimmtes Gut überschneiden und die interessierten Parteien bereit sind, ihre Interessen mit allen zur Verfügung stehenden Mitteln durchzusetzen. Verhandeln ist eine Form des nicht gewalttätigen Ausgleichs von Interessen und zielt auf Ergebnisse, die von allen Seiten mitgetragen werden können: Demokratie und Verhandlungskultur gehen Hand in Hand. Die Berücksichtigung von Machtstrukturen ist von großer Bedeutung. Ein gerechtes und faires Ergebnis wird dann erzielt, wenn zumindest der subjektiv empfundene Nutzen in Bezug auf das strittige Gut gleich oder ähnlich ist. Beispiele für symmetrische Machtbeziehungen sind die Abrüstungsverhandlungen zwischen der Sowjetunion und den Vereinigten Staaten in den 1970er und 1980er Jahren. Die Beitrittsverhandlungen zwischen der Europäischen Union und den kleineren beitrittswilligen Ländern oder die Verhandlungen zwischen der Sowjetunion und der Bundesrepublik zu Beginn der 1970er Jahre unter Willi Brandt sind Beispiele für Verhandlungen auf der Basis asymmetrischer Machtverteilung mit Gewinnen für beide Seiten.

Kreatives Verhandeln kann schon in der Beseitigung von Blockaden bestehen, die das Verfangensein in der eigenen Position erhellt und dadurch neue Lösungen erkennen lässt. Im Grunde kann man alle Errungenschaften, die im Verlauf der Jahrhunderte des Aufbaus parlamentarischer Demokratien eingeführt worden sind, um auf nicht gewaltsamem Weg zum Interessenausgleich zu kommen, als kreative Leistungen ansehen. Heute versucht man, Verhandlungen so zu strukturieren, dass ein Rahmen entsteht, in dem sich neue Lösungen entwickeln können. Das so genannte Harvard-Konzept (Fisher et al. 1997) führt im privaten wie im öffentlichen Bereich vier Verhaltensmaximen ein, die erfolgreiches Verhandeln ermöglichen:
– Trennung persönlicher und sachlicher Elemente,
– Konzentration auf Interessen statt auf ideologische Positionen,
– Entwicklung von Optionen zum Vorteil aller und
– Einführung objektiver Kriterien als Argumente in die Verhandlungen.

Als kreative Heuristik wird ein Verfahren bezeichnet, das gezielt neue Einstellungen und Sichtweisen zu Tage fördert. Hierzu gehören das Denken in Analogien, wodurch neue Aspekte sichtbar werden, der Rollentausch, der die Interessen des Anderen wahrnehmen lässt, und das Brainstorming, das das Generieren neuer, ungewöhnlicher Ideen ermöglicht.

Selbst auf kommunaler Ebene kommen, etwa in der Beteiligung der Bürgerinnen und Bürger an Veränderungsprozessen, kreative Möglichkeiten ins Spiel. Sie helfen staatlichen Einrichtungen und Funktionsträgern, ihre Ideen weiterzuentwickeln. In der Charta von Aalborg wird zuversichtlich festgehalten, dass menschliche Gemeinschaften über die Kraft, das Wissen und das kreative Potenzial verfügen, eine zukunftsbeständige Lebensweise zu entwickeln und unsere Welt auf das Ziel der Zukunftsbeständigkeit hin zu gestalten.

Kreative Persönlichkeiten in der Politik zeichnen sich durch ein Bündel von Eigenschaften aus, die primär nicht als kreativ gelten: Anpassungsbereitschaft, Geduld, Organisationsfreude und Kommunikationsstärke. Eine eigenständige politische Begabung lässt sich zum Beispiel im Gegensatz zu Künstlern, die sich schon in ihrer Kindheit durch Musikalität, Talent zum Malen oder sprachliche Originalität auszeichnen, nicht abgrenzen. Wenn bei Politikern eine der Intelligenzen hervorsticht, dann ist es die interpersonale. Sicherlich ist eine gute allgemeine Intelligenz eine Voraussetzung für erfolgreiche Politiker, aber Motivation, Persönlichkeit und günstige Rahmenbedingungen sind für den Erfolg entscheidender als eine spezifische Begabung. Politiker verfügen meist über eine ausgeprägte Neugier, Interesse und Ehrgeiz. Sie vertiefen sich nicht selbstvergessen in eine wissenschaftliche Fragestellung oder tüfteln an einer Erfindung, sondern beteiligen sich oft schon in ihrer Kindheit an gemeinschaftlichen Aktivitäten, in denen sie Selbstbestätigung finden können. Sie wirken oft übertrieben ehrgeizig und geltungsbedürftig. Dabei ist zu bedenken, dass hinter dem Phänomen Ehrgeiz eine Vielzahl komplexer Motivationen steht. Politiker streben nach Anerkennung und Wertschätzung, fühlen sich in Großgruppen wohl und im Gemeinschaftsleben aufgehoben. In der Verehrung ihrer Idole wachsen sie als Kinder heran, um einmal selbst ihre Ideale verwirklichen zu können. Natürlich dient die politische wie alle anderen Formen der Kreativität auch der Kompensation von Enttäuschungen und Mängeln. An Persönlichkeitseigenschaften von Politikern ragt eine Kränkungs- und Rivalitätstoleranz heraus. Zugunsten von Interesse, Ehrgeiz und Machtstreben nehmen sie Beleidigungen und persönliche Auseinandersetzungen in Kauf, die andere resignieren ließen. Weitere Charakteristika von Politikern in demokratischen Gesellschaften sind Kooperationsfähigkeit und Anpassungsbereitschaft.

In der Politik fällt es wie im Wirtschaftsleben schwer, einen Konsens darüber zu finden, welche Personen wirklich kreativ sind. In der Wissenschaft ist es unstritten, dass Einstein, Watson und Crick kreativ waren, und in der Kunst ist die Kreativität der großen Kulturschaffenden ebenso unwidersprochen. Aber in der Politik möchte man den Gewaltherrschern der Geschichte ungern die Bezeichnung kreativ zubilligen. Und in Demokratien fällt es schwer, jahrelang sich anpassende und unterordnende Personen als originell und schöpferisch zu betrachten. Gerade in demokratischen Gesellschaften verlangt der politische Erfolg eine Anpassung an den Durchschnitt und ein Taktieren mit Mehrheitsverhältnissen, was mit herausragender Kreativität im Widerspruch zu stehen scheint.

Betrachten wir Bill Clinton als typisches Beispiel. Auf den ersten Blick imponiert er nicht als besonders kreative Persönlichkeit, und dennoch finden sich Züge, die für politische Kreativität oder zumindest für politischen Erfolg charakteristisch sind. Das Schwimmen im Mainstream, die Suche nach Mehrheiten, das Aushandeln von Kompromissen, das ehrgeizige Verfolgen eng umschriebener Ziele, Transparenz und Berechenbarkeit wirken für viele ausgesprochen unkreativ. Die genannten Tugenden sind es aber gerade, die wesentliche politische Innovationen ermöglichen. Erfolgreiche Politiker wie Bill Clinton streben nicht nach originellen Innovationen, sondern versuchen geduldig das Mögliche zu verwirklichen. Glänzende eigene Einfälle sind weniger wichtig als begabte Mitarbeiter und Berater, die in ihren speziellen Arbeitsfeldern Innovationen entwickeln können. Man könnte überspitzt sagen, dass produktive Politiker in der Demokratie nicht selbst kreativ sind, aber Kreativität stimulieren, delegieren und organisieren. Sie können sich in einzelnen Sachfragen zurücknehmen, ihre Lösungen anderen überlassen und dafür sorgen, dass diese die geeigneten Rahmenbedingungen finden. Damit sind sie allerdings selbst im Sinne des *crescere*, des Wachsenlassens, am kreativen Prozess beteiligt.

Die kreative Fähigkeit, andere wachsen zu lassen, verlangt Anpassungsbereitschaft und Common Sense, Eigenschaften, die für Politiker durchaus typisch sind. Sie verzichten auf das originelle Phantasieren der Künstler und die eigenbrötlerische, akribische Detailarbeit der Wissenschaftler. Sie zeichnen sich durch soziales Interesse und Konformismus aus. In diesem und anderen Punkten ist Bill Clinton ein typisches Beispiel.

Neben sozialem Interesse und Konformismus waren bei Clinton wache Neugier, durchhaltendes Interesse und geduldiger Ehrgeiz schon in seiner Kindheit auffallend. Wenn man nach seinen Entwicklungsbedingungen als Typus des erfolgreichen Politikers sucht, so fällt zunächst eine gute, breit gefächerte Begabung auf. Bill Clinton war aber nicht herausragend intelligent oder gar hochbegabt (Maraniss 1995). Was ihn in seiner Kindheit und Schulzeit auszeichnete, war ein großes Interesse an Menschen. Er war nicht gern allein und genoss Schulveranstaltungen, organisatorische Tätigkeiten und Öffentlichkeitsarbeit. Er war bereit, alltägliche Gemeinschaftsaufgaben in der Schule zu übernehmen, die von den »Überfliegern« oft belächelt werden. Die Bereitschaft zu den kleinen sozialen Diensten, um irgendetwas mit den Schulkameraden und Lehrern zu tun zu haben, wurde ergänzt durch die Begeisterung, sich darzustellen und hervorzutreten. Weiterhin zeichnete sich Bill Clinton schon zu Beginn seiner Schulzeit durch Geduld, Fleiß und Wissbegierde aus.

Die kindlichen Entwicklungsbedingungen Clintons waren alles andere als einfach (Clinton 2004). Er wuchs in dem kleinen Ort Hope, Arkansas, in schwierigen Familienverhältnissen auf. Der leibliche Vater starb durch einen Autounfall noch vor der Geburt des Sohnes. Bald nachdem Bill das Licht der Welt erblickt hatte, übernahm die Großmutter seine Erziehung, weil seine Mutter im entfernten New Orleans eine Ausbildung zur Narkoseschwester absolvierte. Eine der frühesten Erinnerungen Clintons ist folgende Szene: Nach einem Besuch winkt er der Mutter traurig aus dem Zug heraus zum Abschied und sieht, wie sie weinend auf die Knie sinkt. Mit diesem Bild im Herzen musste der kleine Bill mit seiner Großmutter nach Hope zurückkehren.

Auch als die Mutter nach Hope zurückgekehrt und die Familie in Bills viertem Lebensjahr durch einen Stiefvater komplettiert war, wurde es nicht leichter: Der Stiefvater war Alkoholiker, es kam zu tätlichen Auseinandersetzungen, und einmal schoss der Stiefvater mit seinem Gewehr in Richtung seiner Mutter. Der kleine Bill musste schlichten und die Polizei rufen.

Was hat Bill Clinton angesichts der schwierigen Familienverhältnisse dazu gebracht, ein interessierter und sozial engagierter Schüler zu werden? Es war zunächst der liebevolle Ehrgeiz der Großmutter. Sie war Bill zärtlich zugeneigt, forderte jedoch schulische Pflichterfüllung und achtete auf klare Strukturen. So lernte Bill, diszipliniert zu arbeiten und trotz Enttäuschungen an gemeinsamen Aktivitäten teilzunehmen. Die Großmutter begann in seinem dritten Lebensjahr, mit ihm zu rechnen und zu lesen, und auch sein Großvater war zugewandt und freundlich. Er lehrte ihn den Respekt für sozial benachteiligte Menschen. Seine Autobiographie widmete Bill Clinton auch seinem Großvater, der »mich lehrte zu Menschen aufzuschauen, auf die andere herabblicken, weil wir letztlich alle nicht so unterschiedlich sind«.

Im Hintergrund von Clintons Fleiß stand auch die Sehnsucht, der Mutter einmal ein besseres Leben bereiten zu können. Diese Sehnsucht war ihm ein wesentlicher Ansporn zu seinen schulischen und sozialen Leistungen. Er ist seiner Mutter, »die mir eine Liebe zum Leben gab«, sehr dankbar.

Bill Clinton bemühte sich seit seiner Kindheit um Freundschaften. In seiner Biographie kommen sehr viele Personen aus Kindheit und Jugend vor, zu denen er lebenslange Kontakte pflegt. Man gewinnt den Eindruck, dass diese Schilderungen echt sind und nicht die geschönten Erinnerungen einer öffentlichen Person. Maraniss schildert mehrere verlässliche Aussagen von Freunden und Weggefährten, die die Kontaktfähigkeit von Clinton bestätigen. Schon in seiner Kindheit fiel auf, dass sich seine Stimmung immer aufhellte, wenn er mit anderen Kindern zusammenkam.

Es bereitete dem Schüler Bill Clinton große Freude, im Mittelpunkt zu stehen. Es machte ihm wenig aus, wegen seiner Behäbigkeit und Unsportlichkeit gehänselt zu werden. Er war immer gern mit den Kameraden zusammen. Diese Kommunikationsfreude, ja Abhängigkeit von beständigen Kontakten wäre etwa für eine musikalische Begabung, die durch stundenlanges einsames Üben gefördert wird, wahrscheinlich nicht günstig gewesen. Auch für einen Wissenschaftler wäre diese »Umtriebigkeit« ein großes Hindernis.

Die kommunikative Ader Clintons wurde durch Lehrer und das amerikanische Schulsystem unterstützt. Das von der Schule geförderte Engagement für die Gemeinschaft findet sich auch in der Biographie Hillary Clintons (2003) als wesentliche Bedingung für ihre spätere politische Kreativität. Ein Klassensprecher wird als kleiner Präsident angesehen. Dieses Amt, auch wenn es hauptsächlich darin besteht, das Milchgeld einzusammeln, wird anerkannt. Diese Art der Anerkennung war für den ständig Kontakt suchenden Bill von großer Wichtigkeit. Nicht nur Großmutter und Mutter zeigten ihm, wie »glänzend« er war, sondern auch die Lehrer unterstützten seine Aktivitäten und seine Neigung, im Mittelpunkt zu stehen. »Machen«, Hervortreten und Argumentieren wurde in seiner Schule systematisch belohnt und gefördert. In dieser Atmosphäre fiel es Bill leicht, die Anstrengungen des Lernens auf sich zu nehmen. Dabei zeigte er sich auch grundlegenden Lehren und Prinzipien zugänglich. Er akzeptierte früh die Tugenden des Respekts für Andere und der Selbstachtung.

Seine kommunikativen Neigungen beherrschten Bill Clinton auch während seiner Studienzeit in Oxford. Er spürte, dass die einsame Versenkung des Wissenschaftlers nicht seine Sache war. Ein Freund Clintons schrieb über das Leben in Oxford, dass dieser Ort für die meisten eine Versammlung von Menschen sei, die allein in ihren Räumen sitzen und irgendwann bemerken, dass einer von ihnen man selbst sei. Bill Clinton vermied die Versenkung in intellektuelle Einsamkeit und blieb neugierig, angstfrei, flexibel und interessiert an sozialen Kontakten. Diese Eigenschaften wurden zur Grundlage seiner politischen Karriere. Stabile Bindungen zu Freunden und zu seiner Familie waren die Basis, von der aus er sich an große politische Aufgaben heranwagen konnte. Auch als erfolgreicher Politiker blieb er seiner Herkunft verbunden. Vielleicht ist dies ein wesentliches Moment seines Erfolgs: Bindungssicherheit und neugieriges Explorationsverhalten.

Verallgemeinernd kann man zusammenfassen, dass sich Neugier, Interesse und Ehrgeiz in politischen Karrieren mit sozialer Angstfreiheit und kommunikativer Flexibilität paaren. Die Neigung zur Selbstdarstellung und das Streben nach Macht kommen als weitere Elemente des politischen Erfolgs hinzu. Alle diese Motivationen und Persönlichkeitseigenschaften können sich auch negativ ausprägen. Angstfreiheit kann zu Rücksichtslosigkeit werden und Flexibilität zu Unehrlichkeit. Die Neigung zur Selbstdarstellung kann zur Missachtung der anderen führen und das Streben nach Macht zu autoritärer Unterdrückung. Wenn diese negativen Aspekte in Persönlichkeiten und politischen Systemen auftreten, die nicht am Wachsen und Gedeihen der Gemeinschaft interessiert sind, entstehen Tyrannei und Gewaltherrschaft.

Wirtschaftsleben

Auch das Wirtschaftsleben ist eine Domäne, die man nicht unbedingt mit Kreativität verbinden würde. Zwar wird in der Werbung beständig von Innovationen gesprochen, aber die ökonomischen Sachzwänge scheinen das Feld doch stärker zu beherrschen als die kreativen Einfälle. Dennoch findet sich ein erheblicher Spielraum für unternehmerische Kreativität. Diese zeichnet sich durch die Fähigkeit aus, flexibel auf Herausforderungen zu reagieren, Möglichkeiten zu ergreifen, den Wandel als Chance zu verstehen, ihn zu nutzen und spontan neue Lösungsansätze hervorzubringen. Kreativität ist ein Teil des immateriellen Kapitals, das offen kaum in einer Bilanz erscheint und dennoch zu den wichtigsten Aktiva eines Unternehmens zählt.

Der österreichisch-amerikanische Nationalökonom Joseph A. Schumpeter (1942) prägte die Formel vom Unternehmer als Erneuerer, der sich gegen die Kräfte der Beharrung wendet. Seine besondere Fähigkeit bestehe darin, reale Bedürfnisse, aber auch unausgesprochene Wünsche aufzuspüren und Lösungen anzubieten. Der erfolgreiche Unternehmensgründer und -gestalter Manfred Lautenschläger (2000) betont aber, dass der Vergleich von kreativen Unternehmern mit Künstlern nicht angebracht sei, obwohl es dem Unternehmer schmeichele, mit dem Künstler auf eine Stufe gestellt zu werden. Beide leben zwar von einer besonderen Art von Phantasie, doch unterscheiden sie sich in Begabung und Herangehensweise an die Arbeit deutlich voneinander. Der wirtschaftlich orientierte Geist bediene sich eher der kombinatorischen, der Künstler eher der intuitiven Phantasie.

Eine der modernen Unternehmerlegenden, Walt Disney, hat die folgenden vier Prinzipien erfolgreichen Unternehmertums formuliert:
– Neugier,
– Mut,
– Zuversicht und
– Beharrlichkeit.

Alle Versuche einer Systematisierung unternehmerischer Kreativität können jedoch nicht darüber hinwegtäuschen, dass es sich immer um ein höchst persönliches und subjektives Phänomen handelt. Die individuellen Lebensumstände spielen eine wesentliche Rolle, und ein gutes Unternehmensklima, das Raum gibt für Selbstverwirklichung, stellt eine entscheidende Rahmenbedingung für die Entfaltung kreativer Talente dar. Die von der Gesellschaft oft kritisierten Eigenschaften wie Eigenwilligkeit, Ungeduld und Unzufriedenheit müssen nicht schädlich sein, sie können besondere Stärken von Unternehmern darstellen. Die Krönung der unternehmerischen Kreativität ist die Durchsetzung einer Innovation, die Umsetzung einer Erfindung in einen Markterfolg.

Unternehmerische Kreativität ist nach Lautenschläger erlernbar: Die Kardinaltugenden Neugier, Mut, Zuversicht und Beharrlichkeit können durch Lehrer, Vorgesetzte, Mentoren und Coaches gefördert werden. Der kreative Prozess bedarf eines Klimas der Offenheit und des Vertrauens. Wichtig für unternehmerische Kreativität ist die Selbstbeschränkung. Klassische, mitunter verachtete Tugenden wie Fleiß, Ordnung und Disziplin begünstigen eindeutig schöpferisches Denken und Handeln. Es muss aber auch Spielräume geben, in denen schöpferische Phantasie und originelle Konfliktlösungen möglich werden. Kreativität ist in einer sich rasch wandelnden Ökonomie eine fortwährende Aufgabe.

Die Untersuchungen des amerikanischen Wissenschaftlers Richard Florida (2002) zeigen, dass Kreativität eine immer größere Rolle im modernen Wirtschaftsleben spielt. Florida beschreibt eine ökonomische, kulturelle und persönliche Entwicklung, in der kreatives Handeln lebensbestimmend ist. Etwa ein Drittel der Bevölkerung sei im Berufsleben auf originelle Weise gestaltend tätig. Florida spricht von einem »Rise of the Creative Class«. Wirtschaftliche Entwicklung wird demnach nicht länger durch starke Unternehmen und dominante Führungspersönlichkeiten bewirkt, sondern durch eine Ansammlung von unterschiedlichen, toleranten, kulturell diversifizierten und kreativen Mitarbeitern. Der Zugang zu talentierten und kreativen Menschen ist für moderne Unternehmen von gleicher Bedeutung wie früher der Zugang zu Kohle und Eisen für die Stahlproduktion. Florida weist nach, dass nicht die technologische Entwicklung die treibende ökonomische Kraft ist, sondern die Flexibilität, Motivation und Lernbereitschaft der Mitarbeiter. Kreativität, die Fähigkeit bedeutsame neue Formen zu schaffen, sei die fundamentale Quelle ökonomischen Wachstums.

Die technologische und ökonomische Kreativität interagiert zunehmend mit der kulturellen. Die von Max Weber beschriebene protestantische Ethik war geprägt von Sparsamkeit, harter Arbeit und Effektivität. Florida meint, dass dies die wirtschaftliche Entwicklung des 19. und 20. Jahrhunderts entscheidend geprägt habe. In unserer Zeit werde die gemeinsame Verpflichtung auf einen »Creative Spirit« zum Ethos, das unsere wirtschaftlichen Bedingungen verbessere. Durch diesen Wechsel ändern sich Werte, persönliche Beziehungen und Lebensformen erheblich.

Wirtschaftsunternehmen und Einzelpersonen werden nur noch erfolgreich sein, wenn sie die beständigen Lern- und Veränderungsprozesse als Herausforderungen annehmen. Kreative Persönlichkeiten werden nicht die Ausnahme, sondern der Mainstream sein. Ob Floridas Prognose zutrifft, wird die Zukunft zeigen. Sicher ist, dass ökonomische Kreativität durch Selbstverantwortung freigesetzt wird und zu einem wesentlichen Movens der demokratischen Gesellschaften werden kann. Sie dient nicht nur dem Unternehmer, sondern der gesamten Volkswirtschaft.

Die spezifische Kreativität im Wirtschaftsleben verlangt Konzentration und Abstraktion. Unternehmer und Manager sind in dieser Hinsicht mit den Wissenschaftlern vergleichbar. Sie werden aber in ihrer Sozialkompetenz vor andere Aufgaben gestellt als klassische Wissenschaftler, da kreative Unternehmer in der Regel eine hohe soziale Komplexität bewältigen müssen. Dabei verzichten sie im Gegensatz zu Wissenschaftlern auf gedankliche Detailarbeit und im Gegensatz zu Künstlern auf langwierige autotelische Versenkung. Um vielschichtige soziale und ökonomische Systeme zu überblicken und zu führen, bedarf es globalisierender Komplexitätsreduktion und kurzfristiger Kontrollen der Ergebnisse und Risiken. Hierbei stehen Manager und Unternehmer häufig vor der Aufgabe, vom sachlichen Detail und den individuellen Gefühlen zu abstrahieren, um systemisch denken und handeln zu können. Sie müssen bei ihrer Arbeit Menschen aus einem anderen Blickwinkel betrachten als Wissenschaftler oder Künstler. Wirtschaftsmanager sprechen vom Menschen als **wertvollster Ressource**, die sie gezielt in einem komplexen persönlichen, institutionellen und technologischen Feld einsetzen. Effiziente Strategien spielen hier eine ganz andere Rolle als bei Forschern und Künstlern.

Die Lernfähigkeit seiner Organisation zu gewährleisten ist eine wichtige Aufgabe des Managers. Im Begriff des »Organisational Learning« klingt an, dass es in Unternehmen nicht auf gelegentliche kreative Highlights ankommt, sondern auf einen dauerhaften Innovationsprozess mit der ständigen Bereitschaft zu Wachstum und Veränderung. Dies wird durch scheinbar einfache Führungskompetenzen begünstigt:
- mit Visionen Aufmerksamkeit erzeugen,
- durch Kommunikation Sinn vermitteln und
- Selbstvertrauen durch Entfaltung der Persönlichkeit entwickeln.

Ähnlich einfach erscheinen die acht Prinzipien von innovativen und erfolgreichen Unternehmen von Peters und Waterman (1982):
- Primat des Handelns,
- Nähe zum Kunden,
- Freiraum für Unternehmertum,
- Respekt für den Einzelnen,
- sichtbar gelebtes Wertesystem,
- Konzentration auf die Kernkompetenzen,
- einfache und flexible Arbeitsgestaltung und
- straff-lockere Führung.

Diese Regeln sind nur Beispiele aus einer unermesslichen Anzahl von Empfehlungen der Managementliteratur. Sie illustrieren die Bedeutung der Förderung kreativer Potenziale und werden zu Bestsellern, um nach ein paar Jahren wieder von der Bühne zu verschwinden. Was bleibt, ist die Reduktion komplexer Prozesse auf klare Regeln, um ein Unternehmensziel sinnvoll erscheinen zu lassen, ein gemeinsames Wertesystem zu vermitteln und das individuelle Selbstvertrauen zu stärken. Phantasie, Kreativität, Freude an der Kompetenz und Wille zum Erfolg sind solche Mantras, die die Leistung steigern sollen. Auch bei den Eigenschaften erfolgreicher

Führungspersönlichkeiten lassen sich zentrale Aspekte herausstellen:
- visionäre Offenheit,
- integre Persönlichkeit,
- dynamische Führung und
- authentisches Charisma.

Die beschriebenen Dimensionen unternehmerischer Kreativität spielen auch im politischen Leben eine bedeutende Rolle. Die Verzichtleistungen, die das kreative Engagement von Politikern und Wirtschaftsmanagern erfordert, sind von anderer Natur als die von Wissenschaftlern oder Künstlern. Manager und Politiker müssen in der Regel wesentlich konfliktfähiger sein als Wissenschaftler und Künstler und müssen ständig Kritik und Ablehnung bis zur Feindschaft ertragen können, um arbeitsfähig zu bleiben.

Die Untersuchung der wirtschaftlichen Kreativität mündet in die Frage, wie man diese fördern kann. Der Unternehmensberater Tilman Segler (2000) geht bei der Lösung dieses Problems von einer Gegenüberstellung kultureller und biologischer Kreativität aus. Die Rolle der Gene in der biologischen Evolution werde in der kulturellen Evolution von Memen übernommen. Meme sind Informationseinheiten, die erlernt werden und den Fortbestand der Kultur sichern: Gedanken, Sprachen, Konventionen, Rituale, Gesetze und vieles andere. Diese Meme werden von kreativen Menschen verändert. Sie werden jedoch nur zu einem Bestandteil der Kultur, wenn sie innerhalb der jeweiligen Domäne akzeptiert werden. Um kreativitätsfeindliche Bewertungsmonopole zu verändern, sei Konkurrenz notwendig. Branchen, die dem globalen Wettbewerb ausgesetzt seien, brächten wesentlich mehr Innovationen und Verbesserungen hervor als Branchen mit geringer Konkurrenz.

Die Veränderung des Wissensbestands kommt durch selektive Reproduktion zustande. Im kollektiven Mempool eines Unternehmens, in dem sich die Erfahrung mehrerer Generationen von Mitarbeitern speichert, nimmt der Problemlösungsgehalt zu, wenn sich die gegenwärtige Umwelt von der Vergangenheit zunehmend unterscheidet. Deswegen ist Kreativität eine notwendige Bedingung für den Fortgang des evolutionären unternehmerischen Prozesses. Dies wird in der heutigen Zeit zunehmend erkannt, und die Bedingungen für Kreativität in der Wirtschaft sind gegen Ende des 20. und zu Beginn des 21. Jahrhunderts so günstig wie nie zuvor. Innovative Unternehmen gewinnen zunehmend an Bedeutung, beispielsweise in der Gentechnik, bei Internetausrüstern und Dienstleistern. Die Entwicklungen der New Economy zeigen aber auch die fatalen Folgen eines wilden »Kreativismus«, wenn innovatorische Organisationsstrukturen und neue Unternehmenskulturen ohne Fundamente im Bewährten errichtet werden.

Unabhängig von der speziellen Situation lassen sich generelle organisatorische Gestaltungshinweise zur Förderung der Kreativität in Unternehmen geben: Alle Maßnahmen sind darauf auszurichten, dass sich die Mitarbeiter für ihre Arbeit verantwortlich und verpflichtet fühlen, also sach- und unternehmensbezogenes Commitment entwickeln. Anfallende Routinearbeiten sind so rationell zu gestalten, dass den Mitarbeitern Zeit für kreative Aufgaben bleibt. Diese sollen so weit als möglich delegiert und dezentralisiert werden. Bei der Übertragung von Aufgaben ist darauf zu achten, dass die Mitarbeiter sich durch eine besondere Affinität zu dieser Aufgabe auszeichnen. Die Bildung von funktionsübergreifenden Teams begünstigt neue Lösungen. Die Mitarbeiter müssen regelmäßig mit den für ihre Arbeit relevanten Daten und Informationen versorgt werden, nach ihrer persönlichen Meinung über Vorschläge der Unternehmensleitung befragt werden und darauf Feedback erhalten. Sie müssen die Möglichkeit haben, die Arbeitssituation, in der sie sich befinden, zu ihrem eigenen und zum Vorteil des Unternehmens zu verbessern.

Informelle Kommunikationsnetzwerke dürfen nicht unbedacht zerstört werden. Träger von Schlüssel-Know-how sind über Beteiligungen materiell und über Commitment emotional an das Unternehmen zu binden. Das Unternehmen muss über ein objektives Bewertungssystem verfügen, das kreative Ideen erkennt und fördert. Insgesamt geht es um die Beteiligung der Mitarbeiter nach dem Motto: Was für das Unternehmen gut ist, ist auch für mich gut. Unternehmenskultur und Führungsstil sollten darauf ausgerichtet sein, dass die Mitarbeiter zur Arbeit kommen, weil sie arbeiten wollen und nicht, weil sie müssen.

Gegen den ökonomischen Kreativitätsoptimismus erheben sich aber auch kritische Stimmen. Der Philosoph und Wirtschaftstheoretiker Thomas Petersen (2000) stellt die Frage, was das Geistig-Kreative mit der Wirtschaft überhaupt zu tun hat. Im Wirtschaftsleben sei nicht Kreativität, sondern ökonomische Notwendigkeit das Herrschende. Er folgt mit dieser Ansicht der aristotelischen Tradition, nach der die Bekümmerung um knappe Güter, wie sie für die Wirtschaft leitend ist, nichts »Großes oder Edles an sich hat«. Dennoch kann er sich nicht der Einsicht verschließen, dass in der modernen Wirtschaft Kreativität einen wichtigen Produktivitätsfaktor darstellt. Schon Adam Smith sah im Streben nach besseren Lebensbedingungen, das unserem wirtschaftlichen Handeln zugrunde liegt, ein Moment, das der Wirtschaft zu einer dynamischen Entwicklung und zu einem »ständigen Fortschritt zum Besseren« verhilft. Im Warentausch kommt es auf die Fähigkeit an, fremde Interessen nachzuvollziehen und vom Standpunkt anderer aus zu urteilen, um diese letztlich zu überzeugen, damit der gewünschte Kontrakt zustande kommt. Hannah Arendt hat diese Fähigkeit als eine politische Fähigkeit sui generis bezeichnet.

Petersen vertritt nun die interessante These, dass Kreativität kein Kennzeichen der Wirtschaft schlechthin, sondern eng mit der kapitalistischen Marktwirtschaft verbunden sei. Der kreative Lebensstil der modernen kapitalistischen Ökonomie habe aber auch Nachteile: Mit der Flexibilisierung und Globalisierung wird eine wirtschaftliche und soziale Instabilität erzeugt, die zum Verlust langfristiger Bindungen und beständiger Strukturen führt. Dies hat Unsicherheit und Angst zur Folge. Kreativität, Innovation und Wandel setzen aber eine gewisse Sicherheit und Angstfreiheit voraus. Deswegen ist es wichtig, das richtige Maß an Freiheit und kreativer Verunsicherung einerseits und verlässlichen Bindungen und Sicherheit andererseits zu finden.

Wenn man die Charakteristika kreativer Persönlichkeiten im Wirtschaftsleben erforscht, so fällt zunächst auf, dass sie die sachbezogenen Elemente ihrer Arbeit in den Vordergrund stellen. Im großen Unterschied zu Künstlern ist für sie nicht das Spiel mit dem eigenen Selbst und seinen subjektiven Empfindungen in der Arbeit leitend, sondern die Bewältigung einer realen Anforderung. Deswegen schildern sie auch selten kindliche Erfahrungen, pubertäre Verwirrungen und spätere Lebensthemen als bedeutsamen Hintergrund für ihre kreative Tätigkeit. Sie enthalten sich in der Regel der detaillierten Schilderung ihrer inneren Kämpfe während der Inkubationsphase und der Illuminationsphase. Dies ist einer der Gründe, weswegen viele daran zweifeln, ob die Erfolge von Unternehmern und Managern tatsächlich als kreative Leistung anerkannt werden können.

Ein hervorragendes und vielschichtiges Beispiel eines kreativen Unternehmers ist Bill Gates. Die folgende Analyse seiner Kreativität ist sicherlich beeinflusst durch meine Erfahrungen aus der Beratung von Führungskräften und Unternehmern. Eine objektive Beurteilung der subjektiven Hintergründe von kreativen Persönlichkeiten ist aber ohnehin nicht möglich. Deswegen erscheint es mir angebracht, das eigene Vorverständnis zu reflektieren und zu nutzen.

Bill Gates fiel früh durch seine mathematische Begabung auf (Gatlin 1999). Im College und an der Universität erzielte er im logisch-mathematischen Bereich beste Ergebnisse. Er war in diesem Feld so überlegen, dass er durch die üblichen Lehrveranstaltungen unterfordert war und Zeit fand, mit 16 Jahren seine erste Firma zu gründen. Es zeigte sich hierbei ein weiteres Talent, das man bislang in der Intelligenzforschung nicht als besondere Begabung isolieren konnte: die Neigung zur wirtschaftlichen Verwertung eigener Ideen. Ergänzt wurden dieses Talent und die mathematische Begabung durch ein exzellentes Gedächtnis, besonders für Dinge, die seine Aufmerksamkeit fesselten.

An motivationalen Faktoren dominieren bei Bill Gates unermüdliche Neugier, zähes Interesse und Ehrgeiz. Als Persönlichkeitseigenschaft fällt seine Frustrationstoleranz besonders ins Auge. Das Scheitern seiner ersten Firma führte nur kurzzeitig zu Rückzug und Resignation und verstärkte eher seine Neugier und Arbeitswut. Dabei fiel ein spezifischer Nonkonformismus auf, der sich zum Beispiel dadurch äußerte, dass er an der Harvard-Universität Pflichtkurse nicht besuchte, sondern Seminare, die ihn gerade inspirierten und interessierten. Diese Eigenwilligkeit hatte vorher schon dazu geführt, dass Bill Gates zugunsten seiner Firmengründung keinen

Collegeabschluss absolvierte. Dabei rät er aber jedem anderen, eine solide Collegeausbildung zu absolvieren und intellektuelle Interessen zu entfalten.

Neben dem Nonkonformismus fallen bei Bill Gates breit gefächerte Interessen auf. Auch als Softwareproduzent schätzt er den hohen Wert der »liberal arts«. Kulturelle Interessen würden auch die wissenschaftliche und unternehmerische Kreativität bereichern. Gates antwortete einmal auf die Frage, ob er seinen Kindern Computer gebe, dass er ihnen diese nicht verweigere. Aber vorher sollten sie viele gute Bücher lesen.

Zu den frühen Entwicklungsbedingungen der Persönlichkeit von Bill Gates kann man Folgendes zusammenfassen: Er wuchs in einer wohlhabenden Familie der oberen Mittelklasse auf. Sein Vater war ein höchst erfolgreicher Rechtsanwalt und seine Mutter Tochter eines Bankiers. Sie hatte zeitlebens Ämter in Erziehungs- und Wohlfahrtseinrichtungen und Banken inne. Bill Gates lebte in einem großen komfortablen Haus in Seattle mit den Eltern, seiner ein Jahr älteren und seiner neun Jahre jüngeren Schwester. Den Kindern fehlte es an keiner Förderung, und Bill Gates ist dankbar für die Erziehungspraxis seiner Eltern. Er wünscht sich heute, dass er die gleiche Mischung von Offenheit und Disziplin, die ihm seine Eltern gewährten, seinen eigenen Kindern vermitteln kann. Dennoch war Bill kein einfaches Kind, und im zwölften Lebensjahr wurde er gegenüber seiner Mutter so rebellisch, dass man eine professionelle Beratung in Anspruch nahm. Retrospektiv sagt Bill Gates, dass er die Gespräche mit seinem Counselor interessant fand. Besonders gefallen habe ihm, dass der Berater ihm Psychologiebücher zu lesen gab, die eigentlich zu fortgeschritten für einen zwölfjährigen Jungen waren. Gates schätzte es, als Erwachsener behandelt zu werden, er verstand sich gut mit dem Berater, und nach einem Jahr soll dieser zu Bills Mutter gesagt haben, dass sie nicht weiter versuchen solle, ihren Sohn zu kontrollieren. Dennoch blieb Bill Gates' Beziehung zu seiner Mutter zeitlebens sehr eng.

In seiner Adoleszenz war er eher ängstlich und zurückhaltend, aber intellektuell sehr wach und interessiert. So traf er in der Schule mit Paul Allen zusammen, jenem erfolgreichen Softwarespezialisten und Unternehmer, mit dem er Microsoft sieben Jahre später, im

Alter von 19 Jahren, gründen sollte. Paul Allen war zwei Jahre älter als Bill Gates. Gates bemerkt dazu, dass eine Freundschaft mit diesem Altersunterschied unter 12- bis 14-Jährigen ungewöhnlich sei. Der Grund für das Zustandekommen dieser Verbindung waren gemeinsame Interessen, insbesondere die Faszination für Computer. Gates schrieb sein erstes Programm im Alter von 13 Jahren und gründete mit Paul Allen und Kent Evans eine kleine Programmiergesellschaft. Diese kleine Peergroup, die sich aus motivierten, interessierten und intellektuell beweglichen Mitgliedern zusammensetzte, war für die kreative Entwicklung von Bill Gates höchst stimulierend. Die kleine Firma war ein Spielzeug, mit dem sie in einem jungen Alter lernten, sich mit wirtschaftlichen Problemen zu beschäftigen. So begannen sie beispielsweise ein Lohnlistenprogramm für ihren Betrieb zu schreiben. Rückschläge, ja Tragödien wie der tödliche Bergsteigerunfall von Kent Evans, dem Dritten im Bunde, führten zu einem kurzzeitigen Rückzug von der Arbeit, um dann mit noch größerem Elan den eigenen hoch gesteckten Zielen nachzugehen. So wurden Gates und Allens nach Evans Tod noch engere Freunde und arbeiteten unermüdlich gemeinsam an Programmen.

An Persönlichkeitseigenschaften von Gates ist besonders seine Hingabefähigkeit an die gestellten Aufgaben auffallend. Bereits mit 13 Jahren war er ein ausgezeichneter Softwareentwickler, versuchte jedoch beständig, sich zu verbessern. Er bat immer wieder große Entwickler, seine Codes anzuschauen und ihm zu zeigen, wo sie verbesserungsfähig sein könnten. Er baute ein Netzwerk von Gleichgesinnten auf, die sich gegenseitig zur Weiterentwicklung herausforderten.

Für Bill Gates gilt, dass vor dem unternehmerischen Erfolg das Interesse an der Sache selbst liegt. An erster Stelle steht das interessante Produkt, und anschließend folgt die Suche nach geeigneten Organisationsformen, um dieses Produkt zu produzieren und zu vermarkten. Sein Unternehmertum entwickelte sich aus seiner Arbeit als Softwareentwickler. Diese erforderte immer größere Teams, und so entstand ein weltumspannendes Unternehmen.

Das Interesse an seiner Arbeit blieb Gates' Lebenselixier. Er arbeitet zwar keine Nächte mehr im Büro und schätzt es heute, sieben Stunden in der Nacht zu schlafen, findet seine Arbeit aber immer noch interessant und herausfordernd und glaubt, den besten Job in der Welt zu haben. Er mag Freizeit und liest gern Bücher, aber findet in seiner Arbeit immer noch die angenehmste Herausforderung.

Interesse, Widerstandsfähigkeit und Frustrationstoleranz sind wesentliche Eigenschaften von Erfindern und Unternehmern. Nicht nur Softwarefirmen müssen sich ständig auf neue Bedingungen einstellen. Sie können nie sicher sein, ob ihre Produktentwicklung letztendlich erfolgreich sein wird. Dies erzeugt auch Spannung und Angst. Der Eindruck des Getriebenseins lässt den Unternehmer häufig unzugänglich erscheinen. Seine beständige Beschäftigung mit neuen Herausforderungen, Bedrohungen und Krisen stellt ihn vor Zerreißproben. Diese werden, wie es auch von Bill Gates berichtet wird, durch Disziplin und Konzentration bewältigt und können nicht von langfristigen Zielen ablenken:

»Nur, weil jemand, der rechnen kann, mich kürzlich als reichsten Geschäftsmann der Welt einschätzte, bedeutet das nicht, dass ich ein Genie bin. Mein geschäftlicher Erfolg ist zum größten Teil das Ergebnis meiner Fähigkeit, mich auf langfristige Ziele zu konzentrieren und kurzfristige Ablenkungen zu ignorieren. Langfristige Perspektiven zu entwickeln erfordert keine Brillanz, aber es erfordert Hingabe« (Gates 1995, zit. nach Gatlin 1999, S. 90).

Zuletzt wollen wir uns der Frage widmen, welche Rolle das Machtstreben in der wirtschaftlichen Kreativität spielt. Philippe Kahn, erfolgreicher Unternehmer und Gründer von Borland International, bezeichnete Bill Gates als machthungrig und verstieg sich zu der Aussage, dass Gates Microsoft führe wie ein faschistisches Regime. Gates selbst verneint jedes Machtstreben und betont, dass sein Wunsch, die Softwareentwicklung zum Wohl aller Nationen voranzutreiben, im Mittelpunkt seiner Aktivitäten stünde.

Als Bill Gates vom Wochenmagazin »Time« gefragt wurde, ob er nicht ein Monopol anstrebe, wenn er seine Internetbrowser in Windows einbettet, gab er folgende Antwort:

»Jedes Betriebssystem ohne einen Browser wird vom Markt verschwinden. Sollen wir unser Produkt verbessern oder vom Markt verschwinden?« (S. 103f.).

Bei aller intrinsischen Motivation sind Konkurrenz und Kampf auch für Gates Alltag. Sein Unternehmen Microsoft und seine Person sind beständigen Angriffen ausgesetzt und Ron Glaser, ein ehemals wichtiger Microsoft-Manager, sagte 1997 über Bill Gates:

»Er ist Darwinist. Er sucht nicht nach win-win-Situationen mit anderen, sondern nach Wegen, die anderen verlieren zu lassen. Erfolg wird als Plattmachen der Konkurrenz definiert und nicht als Entwicklung von Exzellenz« (S. 105).

Gates weist dies zurück und führt die sachlichen Erfordernisse des Unternehmertums ins Feld:

»Es ist wichtig, dass du nicht selbstzufrieden wirst, wenn du glücklich und erfolgreich bist ... Schwere Fehler werden selten toleriert. Ich hoffe erfolgreich zu bleiben, aber es gibt keine Garantie dafür ... Während unserer gesamten Unternehmensgeschichte wache ich täglich mit dem Gefühl auf, in unserem Technologieunternehmen darüber nachdenken zu müssen, was man übersehen hat. Was ist der Stand der Forschung oder wie sind die Rückmeldungen der Kunden, denen man mehr Aufmerksamkeit widmen sollte? Und wie kannst du die Innovationsgeschwindigkeit hoch, sehr hoch halten? Wie kannst du sicher sein, dass du die allerbesten Leute einstellst?« (Gates 1996 u. 1997, zit. nach Gatlin 1999, S. 104ff.).

Die beständige Konzentration auf den Unternehmenserfolg hat zu Vorwürfen geführt, die Bill Gates als Repräsentanten eines Unternehmertypus erscheinen lassen, der skrupellos alle Konkurrenten eliminiert:

»Microsoft ist ein großer weißer Hai, der keine Grenzen kennt. Alles, was er kennt, ist sein Appetit. Wenn er hungrig wird, dann isst er« (Michael Kertzman, zit. nach Gatlin 1999, S. 126).

Demgegenüber betont Bill Gates die sachlichen Notwendigkeiten, seine Unternehmen beständig zu vergrößern:

»Es ist nur durch Masse möglich, dass man vernünftige Software zu niedrigen Preisen anbieten kann ... Ich sollte dies nicht sagen, aber auf vielen Wegen führt dies in bestimmten Produktkategorien zu einem natürlichen Monopol« (Gates 1981, zit. nach Gatlin 1999, S. 138).

Trotzdem erheben sich immer wieder Stimmen, die Gates – ähnlich wie John D. Rockefeller oder Henry Ford – als Beispiel für unternehmerisches Machtstreben anführen, das dem ökonomischen Erfolg inhärent sei.

Wissenschaften

Wenn wir uns der wissenschaftlichen Kreativität zuwenden, so nehmen wir zur Kenntnis, dass der explosionsartige Wissenszuwachs in den Naturwissenschaften alle Bereiche des modernen Lebens verändert hat. Auch die Rahmenbedingungen für wissenschaftliche Entdeckungen haben sich in den letzten Jahrzehnten radikal gewandelt. Im Rahmen der »Big Science« werden Entdeckungen zunehmend von Großgruppen oder Forscherkonsortien gemacht. Dies ermöglicht beispielsweise, dass mittlerweile der genetische Bauplan des menschlichen Lebens vorliegt.

Die Rahmenbedingungen verändern jedoch nur bedingt die motivationalen Grundlagen für wissenschaftliche Kreativität. Von Galileo Galilei bis Craig Venter finden wir geduldige Neugier und hartnäckiges Interesse als hervorstechende Motivationen. Auch die kreativitätsfördernden Persönlichkeitseigenschaften wie Hingabefähigkeit, Selbstvertrauen und Frustrationstoleranz scheinen sich kaum geändert zu haben.

Auch in Natur- und Kulturwissenschaften sind spielerische Freude, gedankliche Freiheit und Phantasie von Bedeutung. Der kreative Prozess ist aber wesentlich konzentrierter als in der Kunst und desaktualisiert persönliche Empfindungen und Emotionen während der Arbeit. Kreativ ist der Naturwissenschaftler, wenn er Bestehendes herausfordert, neue verblüffende Hypothesen formuliert und sie experimentell beweist. Die individuelle Kreativität benötigt ein förderliches Arbeitsklima, um sich der Sache selbst lustvoll widmen zu können. Sorgenfreiheit, flache Hierarchien, spontane Kommunikation und sozial verantwortliches Elitebewusstsein sind wichtige Rahmenbedingungen. Wissenschaftliche Kreativität kann gefördert werden, wenn die Ausbildung genügend Freiraum zu echter Forschung lässt. So ist die Ausbildung durch Forschung eines der vordringlichsten Ziele einer zukunftsweisenden Universitätspolitik.

Auf der Suche nach tieferen Wurzeln naturwissenschaftlicher Kreativität geht der durch die Erforschung des programmierten Zelltods berühmt gewordene Grundlagenforscher Peter Krammer (2000) von der Vorstellung aus, dass der Naturwissenschaftler von dem Drang beseelt sei, »den Schleier des Verborgenen der Natur zu lüften«. Trotz dieser Intention bleibt dem Wissenschaftler immer der letzte Blick verwehrt, und dies ist der Blick über den Tod hinaus. Krammer vermutet, dass die verzweifelte Abwehr des Unabänderlichen, des Todes, Kreativität mobilisieren kann. Hiermit nähert er sich den psychodynamischen und existenzphilosophischen Konzeptionen der Kreativität. In dieser Hinsicht unterscheiden sich die tieferen Wurzeln der Kreativität des Naturwissenschaftlers nicht von denjenigen anderer Menschen. Kreative Forscher drücken »ihre« Todesabwehr dadurch aus, dass sie *Forscher* geworden sind. Krammer sieht auch in den rational strukturierten Naturwissenschaften im Spannungsfeld zwischen Erotik und Tod die Quelle menschlicher Kreativität verborgen.

Ein exzellentes Beispiel für das Zusammenspiel von Begabung, Motivation und Persönlichkeit bei der Entwicklung naturwissenschaftlicher Kreativität ist Albert Einstein:

Die Vorfahren Einsteins werden trotz ihrer jüdischen Herkunft als schwäbisch bodenständig beschrieben (s. Fölsing 1995). Sie lassen sich bis in das Jahr 1665 zurückverfolgen. Bis zu Beginn des 19. Jahrhunderts war der Handel die einzige Möglichkeit für den Lebensunterhalt jüdischer Familien in Deutschland. Ab 1828 wurde ihnen Gewerbefreiheit eingeräumt und so wurden einige der Vorfahren Einsteins Handwerker. In den beengten Lebensverhältnissen konnte sich aber keiner von ihnen irgendwie hervortun oder gar auszeichnen. Der Vater Einsteins verließ die Schule mit der mittleren Reife, wurde Kaufmann und heiratete die Tochter eines Getreidehändlers. Von der Mutter sagt man, dass sie gebildet und musikalisch war. Beim Vater vermutet man eine gewisse mathematische Begabung. Einstein selbst äußert sich über die Vererbung seiner Begabungen folgendermaßen:

»Wenn Begabungen vorhanden waren, so konnten sie sich bei den engen Lebensbedingungen nicht äußern. Übrigens weiß ich ganz genau, daß ich selbst gar keine besondere Begabung habe.

Neugier, Besessenheit und sture Ausdauer verbunden mit Selbstkritik haben mich zu meinen Gedanken gebracht. Aber besonders starke Denkkraft (›Gehirnmuskulatur‹) ist nicht bzw. nur in bescheidenem Maße vorhanden. Viele haben weit mehr davon, ohne daß etwas Überraschendes herauskäme« (Einstein zit. nach Fölsing 1995, S. 19).

In diesem Zitat aus einem Brief Einsteins ist seine Bescheidenheit, vielleicht auch etwas Koketterie, offensichtlich. Zweifellos verfügte Einstein über eine gute mathematische und musikalische Intelligenz. Dennoch ist es wichtig zu beachten, dass er selbst motivationale Bedingungen wie Neugier und ein bis zur »Besessenheit« gesteigertes Interesse in den Mittelpunkt seiner Schaffenskraft stellt. Hinzu kommen Persönlichkeitseigenschaften wie die Fähigkeit zu Selbstkritik und ausdauernder Arbeit.

Auffallend ist ein Familienmilieu, das seine Begabungen und Interessen intensiv förderte. Er wurde von Onkel und Tanten unterstützt und die familiären Beziehungen waren für ihn nicht nur intellektuell und kulturell stimulierend, sondern auch ökonomisch hilfreich.

Über die frühkindliche Entwicklung weiß man, dass Einstein ein stilles Baby war, das seinen Betreuungspersonen kaum Mühe machte. Die früheste überlieferte Charakterisierung stammt von seiner Großmutter, die über den zweijährigen Enkel Folgendes berichtet:

»Albertchen ist aber auch so lieb und brav, … und seine drolligen Einfälle muß man sich immer wieder sagen« (zit. nach Fölsing 1995, S. 23).

Einsteins sprachliche Entwicklung verlief auffällig langsam. Seine Eltern waren darüber so besorgt, dass sie einen Arzt konsultierten. Das Hausmädchen nannte ihn den »Depperten«. Fölsing führt die Verzögerung der Sprachentwicklung auf Einsteins verfrühten Ehrgeiz zurück, nur vollständige Sätze sprechen zu wollen, und seine Neigung zu kritischer Selbstkontrolle. Als Junge war Einstein an Geduldsspielen interessiert und baute mit Bausteinen komplizierte Konstruktionen. Des Weiteren werden ein Hang zum spekulativen Grübeln und ein individualistischer Starrsinn beschrieben. Einstein vermied Raufereien auf der Straße und das

Spielen im Garten. Er wurde deswegen »Bruder Langweil« genannt, und wenn er doch einmal mitspielen musste, so war ihm die Rolle des Schiedsrichters am liebsten. Seinen ersten Unterricht erhielt er von einer Hauslehrerin und fiel dort durch heftige Anfälle von Jähzorn auf, wenn ihm etwas nicht gelang. Er konnte dann mit einem Stuhl nach der Lehrerin schlagen und seiner Schwester Spielsachen an den Kopf werfen. Während der ersten Schuljahre verschwand dieser Jähzorn jedoch.

Einsteins auffälliges Spiel- und Sozialverhalten und seine gelegentliche Unbeherrschtheit waren Ausdruck eines starken Willens, eigene Maßstäbe zu entwickeln und über die Dinge gründlich nachzudenken. Diese Neigung zum Nachdenken paarte sich mit der Fähigkeit, sich tiefgründig zu wundern. Einstein sieht hierin einen Beweggrund des produktiven Denkens. Er schrieb einem Kollegen, dem Nobelpreisträger James Frank, Folgendes:

»Wenn ich mich frage, woher es kommt, daß gerade ich die Relativitätstheorie gefunden habe, so scheint es an folgendem Umstand zu liegen: Der Erwachsene denkt nicht über die Raum-Zeit-Probleme nach. Alles, was darüber nachzudenken ist, hat er nach seiner Meinung bereits in seiner frühen Kindheit getan. Ich dagegen habe mich so langsam entwickelt, daß ich erst anfing mich über Raum und Zeit zu wundern, als ich bereits erwachsen war. Naturgemäß bin ich dann tiefer in die Problematik eingedrungen als ein gewöhnliches Kind« (zit. nach Fölsing 1995, S. 25).

Das Sichwundern war für Einstein eine elementare kreative Kraft. Es tritt ihm zufolge dann auf,

»wenn ein Erlebnis mit einer in uns hinreichend fixierten Begriffswelt in Konflikt kommt. Wenn solcher Konflikt hart und intensiv erlebt wird, dann wirkt er in entscheidender Weise zurück auf unsere Gedankenwelt. Die Entwicklung dieser Gedankenwelt ist in gewißem Sinne eine beständige Flucht aus dem ›Wunder‹. Ein Wunder solcher Art erlebte ich als Kind von vier oder fünf Jahren, als mir mein Vater einen Kompaß zeigte ... Daß die Nadel in so bestimmter Weise sich benahm, paßte nicht in die Art des Geschehens hinein, die in der unbewußten Begrifflichkeit Platz finden konnte (an »Berührung« geknüpftes Wirken). Ich erinnere mich noch jetzt – oder glaube mich zu erinnern –, daß dieses Erlebnis tiefen und bleibenden Eindruck auf mich gemacht hat. Da mußte etwas hinter den Dingen sein, was verborgen war« (S. 26).

In der Schulzeit litt Einstein unter handfesten Aggressionen, die sich auf ihn als einzigen Juden unter etwa 70 Mitschülern richteten:

»Unter den Kindern war besonders in der Volksschule der Antisemitismus lebendig. Er gründete sich auf die den Kindern merkwürdig bewußten Rassenmerkmale und auch Eindrücke im Religionsunterricht. Tätliche Angriffe und Beschimpfungen auf dem Schulweg waren häufig, aber meist nicht gar zu bösartig. Sie genügten immerhin, um ein lebhaftes Gefühl des Fremden schon im Kinde zu befestigen« (S. 28f.).

Es finden sich allerdings keine Hinweise, dass Albert Einstein unter diesem Gefühl des Fremdseins gelitten habe. Fölsing meint, dass Fremdheit in Verbindung mit Eigenständigkeit ohnehin seit den ersten Lebensjahren die wichtigsten Grundzüge der Persönlichkeit Einsteins gewesen sind. Einstein war ein fleißiger Schüler, oft der beste seiner Klasse, und erhielt glänzende Zeugnisse. Bewegungsintelligenz und Bewegungsdrang scheinen nicht gut ausgeprägt gewesen zu sein. Er hatte eine Abneigung gegen Sport, wurde aber nicht müde, mit seinem Metallbaukasten zu spielen, komplizierte Laubsägearbeiten auszuführen und sich mit einer kleinen Dampfmaschine stundenlang zu beschäftigen. Die Mutter berichtet, dass er bei diesen Tätigkeiten gleichermaßen klug und zielstrebig wie auch verträumt wirkte.

Zur intellektuellen Förderung im Elternhaus ist noch erwähnenswert, dass im Hause Einstein die Schriften der Propheten kaum gelesen wurden und der Vater stattdessen Schiller und Heine rezitierte. Das für Schulversager angenehme Vorurteil, dass Einstein im Gymnasium ein schlechter Schüler gewesen sei, trifft nicht zu. Allerdings regte sich schon früh Widerstand gegen ein Gymnasium, das in Ton und Atmosphäre einem Kasernenhof glich. Zu seiner Begabung fiel Einstein selbst auf, dass er ein schlechtes Gedächtnis für Wörter und Texte hatte. Seine Lieblingsfächer Mathematik und Physik wurden für ihn zu wenig und zu niveaulos unterrichtet. So las er im Selbststudium schwierige mathematische und philosophische Bücher und war darin wesentlich weiter als vom Lehrplan vorgesehen. Die hier sichtbare hohe Eigenständigkeit paarte sich mit einem Misstrauen gegenüber selbst ernannten Autoritäten. Dieses Misstrauen machte ihn auch skeptisch gegenüber der Religion und er fand eine Kompensation in der Mathematik. Sein mathematisches Interesse wurde von der gesamten Familie unterstützt. Ein Onkel brachte schon dem Volksschüler die Algebra nahe und regte ihn zum mathematischen Nachdenken an. Dem Gymnasiasten gab der Onkel ein Lehrbuch der euklidischen Geometrie, das noch lange nicht für den Lehrplan relevant war, und Einstein arbeitete es selbstständig durch. Er fand in Max Talmud einen Ersatzvater in geistiger Hinsicht, der ihm anspruchsvolle Bücher zu lesen gab. Mit fast religiöser Begeisterung widmete sich Einstein seinen mathematischen Studien. Diese reichen bis in das zwölfte Lebensjahr zurück:

»Im Alter von zwölf Jahren erlebte ich ein zweites Wunder ganz verschiedener Art: an einem Büchlein über Euklidische Geometrie der Ebene, das ich am Anfang eines Schuljahres in die Hand bekam ... Diese Klarheit und Sicherheit machte einen unbeschreiblichen Eindruck auf mich« (zit. nach Fölsing 1995, S. 36).

Diese Art von Erweckungserlebnis findet sich auch bei anderen großen Mathematikern wie Galileo Galilei oder Bertrand Russel, der über seine geometrischen Studien, die er im Alter von elf Jahren begann, Folgendes schrieb:

»Dies war eines der aufregendsten Ereignisse in meinem Leben, so strahlend schön und aufregend wie die erste Liebe. Ich hatte nicht erwartet, daß es etwas so Köstliches in der Welt geben könnte« (S. 36).

In der Adoleszenz vertiefte sich Einstein in ein intensives Selbststudium. Er war in der Musik ebenso wie in der Mathematik begeisterungs- und durchhaltefähig:

»Ich lernte erst etwas von dreizehn an, nachdem ich mich hauptsächlich in die Mozartsonaten verliebt hatte. Das Bestreben, diese einigermaßen in ihrem künstlerischen Gehalte und in ihrer einzigartigen Grazie wiederzugeben, zwang mich zur Verbesserung meiner Technik, die ich an diesen Sonaten erwarb, ohne je systematisch zu üben. Ich glaube überhaupt, daß Liebe eine bessere Lehrmeisterin ist als Pflichtbewußtsein, bei mir wenigstens sicher« (S. 39).

Wesentlich waren auch hier unterstützende persönliche Begleiter. Die Mutter Einsteins war sehr daran interessiert, mit ihrem Sohn gemeinsam zu spielen. Das weitere familiäre Umfeld förderte Einstein so gut es konnte, und trotzdem setzte sich schon früh eine große Eigenständigkeit durch. Diese war Einstein nicht nur angenehm, sondern erzeugte auch das Gefühl von Einsamkeit und Fremdheit. Schon der Vierzehnjährige bezeichnete sich als

»Einspänner, der dem Staat, der Heimat, dem Freundeskreis, ja selbst der inneren Familie nie mit ganzem Herzen angehört hat, sondern all diesen Bindungen gegenüber ein nie sich legendes Gefühl der Fremdheit und des Bedürfnisses nach Einsamkeit empfunden hat« (S. 39).

Hier klingt etwas an, das man in werbepsychologisch aufpolierten Kreativitätsvorstellungen nicht wahrhaben möchte: Einsamkeit und Eigenbrötelei. Einstein und viele seiner kreativen Kollegen führen diese Einsamkeit und Eigenbrötelei jedoch nicht zu schlechten Stimmungen, ganz im Gegenteil ist in der einsamen und eigenbrötlerischen Arbeit ein besonderer Reiz, kein Spaß, aber tiefe Befriedigung zu finden.

Dem schulischen Drill und einem Unterricht, der ihn unterforderte, hat sich Einstein durch vorzeitige Beendigung der Schule und frühen Beginn seines Studiums entzogen. Auch hier fand er Mentoren, die ihn förderten. So schrieb er an Professor Stern, einen bedeutenden Historiker, in dessen Familie er wöchentlich zu Gast war:

»Was soll ich aber jetzt sagen über alle Güte und väterliche Freundschaftlichkeit, mit der Sie mich stets beglückt haben, wenn es mir vergönnt war, bei Ihnen zu sein? ... Aber das ist gewiß, daß mir noch keiner so entgegengekommen ist wie Sie, und daß ich mehr als einmal in trauriger oder bitterer Stimmung zu Ihnen ging und dort stets Freudigkeit und inneres Gleichgewicht wieder fand« (S. 67).

Dieses Aufgehobensein in fördernden Kontakten kompensierte Einsteins Abneigung gegen ein geselliges Studentenleben. Doch fand er auch hier Freundschaften, insbesondere zu einem mathematisch interessierten Kommilitonen, der von dem intellektuellen Tiefgang Einsteins so beeindruckt war, dass er den Eltern gesagt haben soll, aus Einstein werde einmal etwas ganz Großes. Es gelang Einstein, sich durch intelligent ausgewählte Lektüre eigenständig in den Strom der aktuellen Forschung einzuschalten. Freundschaften veranlassten ihn sich in andere Gebiete, wie zum Beispiel die Nationalökonomie, vorzuwagen, und er ließ sich rasch von sozialistischen Idealen überzeugen. Er wurde als »Gefühlssozialist« bezeichnet und erst wesentlich später machten die Gräuel des Ersten Weltkriegs einen wirklich politischen Menschen aus ihm.

Hervorstechend ist Einsteins Frustrationstoleranz. Er konnte schon als Kind stundenlang schwierigen Fragen und Aufgaben nachgehen und ließ sich in seinem späteren Leben nicht durch Ablehnungen und Enttäuschungen entmutigen. So führte der Vorzug anderer, weniger geeigneter Bewerber um eine Assistentenstelle an der Universität Zürich nicht zum Erlahmen der Schaffenskraft. Die Abweisung seiner Bewerbung führte ihn zur Fortsetzung seiner Studien und war ein Impuls für wissenschaftliche Publikationen und seine Promotion. Dies zieht sich als roter Faden durch sein gesamtes späteres Schaffen. Hindernisse und Enttäuschungen berührten nicht den Kern seiner Interessen, die er hartnäckig weiterverfolgte. Widrige Umstände konnten seine Neugier, Leidenschaft und Arbeitsfähigkeit kaum beeinträchtigen.

Kunst

Wir kommen nun zu der Domäne, die man meist spontan mit Kreativität assoziiert: zur Kunst. Um in diesem Bereich das Zusammenspiel von Begabung, Motivation, Persönlichkeitseigenschaften und Rahmenbedingungen zu verstehen, ist es am besten, die Künstler selbst zu befragen. Der Schriftsteller und Professor für kreatives Schreiben Hanns-Josef Ortheil (2000) enthüllt die Entstehungsbedingungen künstlerischer Kreativität und beschreibt, wie kreative Phantasiebildung zustande kommt. Er geht von der Originalität kindlicher Sprachbildung aus und zeigt, wie originelle Begriffe und Vorstellungen entstehen. Den psychologischen Ergebnissen der Kreativitätsforschung stellt er die Erkenntnisse des schöpferischen Schriftstellers an die Seite. Der kreative Einfall bereitet sich unbewusst im Schweigen vor, bedarf aber der Ausgestaltung in langer Rede. Heinrich von Kleist empfiehlt in seinem Aufsatz »Über die allmähliche Verfertigung der Gedanken beim Reden« jenen, die etwas Bestimmtes wissen wollen, mit nächsten Bekannten darüber zu sprechen. Im sprachlichen Formulieren, Präzisieren, Klarstellen und Wiederholen gruppieren sich die Gedanken neu. Der Zuhörer reflektiert sie wie ein Spiegel und manchmal springt der kreative Funke über, als käme er von außen.

Ortheil schildert den kreativen Prozess in der Kunst anhand der Entstehungsgeschichte seines Romans »Faustinas Küsse« und beschreibt, wie er während der Lektüre von Goethes »Italienischer Reise« von einem kreativen Impuls ergriffen wird. Seine Phantasiebilder über Goethes Aufenthalt in Rom werden zum Ausgangspunkt von bewegten Szenen vor seinem inneren Auge. Diese aktualisieren sein eigenes biographisches Feld, wecken Erinnerungen an seine eigene Rom-Reise. Das Phantasieren beginnt eine interessante Geschichte zu präparieren. Mitunter verabschiedet sich der kontrollierende Verstand und die gewonnenen Daten, Ideen und Phantasien werden im Unbewussten, in heimlichen Lösungsvarianten durchgespielt. Aus der Vielzahl dieser Varianten tritt nach der Inkubation in der Illuminationsphase das besonders Eindrucksvolle hervor. Dies wird in der Realisierungsphase, dem eigentlichen Schreiben, zu Papier gebracht. In der Verifikationsphase überprüft der Dichter das Geschaffene, erweitert es und baut es in einem Gesamtlösungsplan aus.

Im Ablauf des kreativen Prozesses finden sich Ähnlichkeiten von künstlerischer und wissenschaftlicher Kreativität: Zunächst kommt das Herauspräparieren eines Themas, dann die Ideensammlung, die Materialbeschaffung, das Schlummern im Unbewussten, der erhellende Blitz und dann seine Bändigung und Organisation in der produktiven Realisierung. Der Unterschied besteht darin, dass das Spiel mit dem eigenen Selbst die künstlerische Arbeit meist begleitet. Die wissenschaftliche Arbeit geschieht demgegenüber eher in Selbstvergessenheit.

Am Beispiel seines Protagonisten Giovanni Beri lässt Ortheil den Leser an der kreativen Realisierung eines Romans teilnehmen. Dieser lernt, wie literarische Kreativität zustande kommt. Ortheil zeigt, wie das »Spiel mit dem Selbst« die gesamte künstlerische Arbeit begleitet. Einen kreativen Funken zu spüren sei gar nicht so schwierig. Das künstlerische Problem sei eher, ihn über mehrere hundert Seiten zu bewahren und zu gestalten. Dies gelingt nur, wenn im Romanuntergrund ein anderes Spiel läuft: Das Spiel mit dem autobiographischen Selbst, das erlaubt, die Masken der Romanfiguren immer wieder zu tauschen und diesen Tausch als Spiegelung eigener Erfahrungen zu verstehen.

Ein schönes Beispiel für das enge Zusammenspiel von Begabung, fördernder Umgebung in der Kindheit und günstigen Rahmenbedingungen in Schule und Beruf ist der kolumbianische Schriftsteller und Nobelpreisträger Gabriel García Márquez. Seine Autobiographie »Leben, um davon zu erzählen« (2002) ist eine Schatztruhe, in der viele Antworten auf die Fragen zur kreativen Persönlichkeit und zum kreativen Prozess enthalten sind.

Gabriel García Márquez' Geburt war schwierig. Er wäre wegen der Ungeschicklichkeit der Hebamme beinahe durch die Nabelschnur stranguliert worden. Er erhielt die Nottaufe und wurde mit Rum wiederbelebt. Da bei seinen armen Eltern, die nach ihm noch zehn weitere Kinder hatten, für ihn nicht genügend Raum zur Verfügung stand, wuchs er bei den Großeltern auf. Bei ihnen lebte er in einem geheimnisvollen Haus inmitten einer Schar von Tanten, die die Geister der Toten beschworen, monströse Dinge erzählten und den kleinen Gabito an dramatischen Geburten teilnehmen ließen. Es stellte sich ein Grundgefühl von Angst und Verunsicherung ein:

»Nie konnte ich die Angst davor überwinden, allein zu sein, erst recht nicht im Dunkeln, aber ich glaube, das hatte einen konkreten Grund, denn nachts nahmen die Phantasien und Vorahnungen meiner Großmutter Gestalt an. Noch siebzigjährig habe ich in Träumen die Glut des Jasmins auf der Veranda und das Gespenst der düsteren Schlafzimmer erahnt, immer begleitet von dem Gefühl, das mir die Kindheit verdorben hat: dem Grauen vor der Nacht. Oft habe ich mich in meinen schlaflosen Nächten rund um die Welt gefragt, ob nicht auch ich den Fluch jenes mythischen Hauses aus einer glücklichen Welt, in der wir jede Nacht starben, mit mir herumschleppe« (García Márquez 2002, S. 104f.).

Doch trotz aller Schrecken bewertet der siebzigjährige García Márquez die Erlebnisse im Haus der Großeltern als seiner künstlerischen Entwicklung höchst zuträglich. Es gelang ihm, aus den Erfahrungen eine innere Welt zu komponieren, in der das zunächst passiv Erlittene aktiv sprachlich geformt wurde. Um diesen kreativen Kampf ums psychische Überleben zu bestehen, waren jedoch fördernde Begleiter vonnöten. Und so konfrontierten die Großeltern und Tanten Gabito nicht nur mit magischem Aberglauben und blutiger Realität, sondern schenkten ihm auch Bindungssicherheit, persönliche Bestätigung und Nahrung für seine Phantasie:

»Ich kann mir kein günstigeres Klima für meine Begabung vorstellen als dieses verrückte Haus, vor allem wegen des Charakters der zahlreichen Frauen, die mich großgezogen haben. Mein Großvater und ich waren die einzigen Männer, und er führte mich mit Berichten über blutige Schlachten in die traurige Realität der Erwachsenen ein, vermittelte mir sein Schulwissen über den Flug der Vögel und das Donnern am Abend und ermunterte mich in meiner Freude am Zeichnen. Am Anfang malte ich auf die Wände, bis die Frauen des Hauses sich lautstark über den Schmierfinken erregten: Narrenhände beschmieren Tisch und Wände. Mein Großvater wurde wütend, ließ eine Wand seiner Werkstatt weiß anstreichen und kaufte mir Buntstifte, später auch einen Kasten Aquarellfarben, damit ich nach Lust und Laune malen konnte« (S. 105f.).

García Márquez beschreibt eingehend, wie kreative Persönlichkeiten widrige Erfahrungen und Umgebungsbedingungen für ihre schöpferische Arbeit nutzbar machen können. Diese Fähigkeit beginnt mit den frühesten Phantasien, Lautbildungen, Kritzeleien und bleibt bis zur kreativen Reife des erwachsenen Schöpfers erhalten. Diese Fähigkeit des kreativen Kindes, sich seinen Interessen hinzugeben, ist eine hervorstechende, die Erwachsenen oft störende Eigenschaft:

»Wer mich als Vierjährigen gekannt hat, sagt, ich sei blass und nachdenklich gewesen und habe den Mund nur aufgemacht, um Unsinn zu erzählen. Aber ich erzählte meistens einfache Episoden aus dem Alltag, die ich mit phantastischen Details ausschmückte, damit die Erwachsenen mir zuhörten« (S. 106f.).

Jedes Kind bemüht sich um die Aufmerksamkeit der Eltern, sei es durch Spiele, Basteleien oder Quängeln. Seine primäre Kreativität braucht Materialien, um sich ausdrücken zu können und die Aufmerksamkeit der Umgebung zu erregen. Bei aller kreativen Verunsicherung braucht auch das besonders begabte Kind stabilisierende, »feste Größen«. Umgeben von seinen skurrilen Tanten war für García Márquez der Großvater ein Anker in der Realität, der ihm Schutz und Sicherheit in einer faszinierenden, aber auch dämonischen Welt gewährte:

Manchmal werden Kreative »auffällig« und Eltern und Betreuungspersonen sind ängstlich und beunruhigt. Der kleine Gabito versuchte seine Gewissensbisse durch rasches Zwinkern zu beherrschen. Dies wurde von der Familie als Tic erlebt, und man konsultierte einen Arzt. Dieser verordnete wegen angegriffener Mandeln Rettichsaft, und diese Behandlung kam Gabito gelegen, um die Eltern zu beruhigen.

Auch Zeiten der Langeweile sind von großer Bedeutung für die Entwicklung des Phantasielebens. Sechsjährig verbrachte Gabito lange Stunden beim Ministrieren, und die Ausflüge mit dem Großvater waren nicht nur unterhaltsam:

»Zu jeder Tageszeit nahm mich der Großvater zum Einkaufen in das reichhaltige Verkaufslager der Bananengesellschaft mit. Dort lernte ich Seebrassen kennen und legte zum ersten Mal die Hand auf Eis, und die Entdeckung, dass es kalt war, ließ mich erschauern. Ich war glücklich, mit ihm das essen zu können, worauf ich Lust hatte, aber die Schachpartien mit dem Belgier und die politischen Gespräche langweilten mich. Jetzt aber war mir klar, dass wir auf diesen langen Spaziergängen zwei unterschiedliche Welten sahen. Mein Großvater sah seine mit seinem Horizont und ich sah die meine in meiner Augenhöhe. Er grüßte seine Freunde auf den Balkonen, und ich sehnte mich nach dem Spielzeug der Trödler, die ihre Ware auf den Gehsteigen auslegten« (S. 110f.).

Obwohl der Großvater kein gebildeter Mann war, unterstützte er Gabitos Phantasieleben durch seine Offenheit für die schillernden Farben der Welt und durch kleine unscheinbare Gaben:

»Eigentlich brauchte ich damals das geschriebene Wort nicht, weil ich mit Zeichnungen alles ausdrücken konnte, was mich beschäftigte ... Als der Großvater mir jedoch später das Lexikon anvertraute, machte es mich so neugierig auf die Wörter, dass ich es wie einen Roman las, dem Alphabet nach, obwohl ich kaum etwas davon verstand. Das war mein erster Kontakt mit dem Buch, das für mein Schicksal als Schriftsteller entscheidend sein sollte« (S. 115).

Jedem Kind fallen Gegenstände, Spielzeuge und Bücher in die Hände. Seien sie noch so unscheinbar und die Stunden des einsamen Spiels noch so langweilig: Das kreative Kind schafft seine Welt aus den kleinsten Eindrücken. Diese Fähigkeit wird durch die Liebe der Erwachsenen und kleine Hilfen unterstützt. Fehlt die positive Wertschätzung seitens der Bezugspersonen und werden die Kinder mit Spielzeug überschüttet oder gar mit visuellen Medien »ruhig gestellt«, hilft das intelligenteste Programm nicht, um die schweren Beeinträchtigungen ihrer kreativen Entwicklung zu beheben. Nur wenn genügend Freiraum zur Bildung von Erinnerungen und Phantasien besteht, kann ein Kind seine Erfahrungen kreativ verarbeiten. Dies zeigt uns García Márquez, wenn er von seiner Langeweile bei den stundenlangen Schachpartien des Großvaters oder vom Suizid seines Schachpartners berichtet:

»Schon beim Eintreten ließ mich der Geruch in dem Schlafzimmer erschauern. Erst viel später erfuhr ich, es war der Bittermandelgeruch des Zyanids, das der Belgier eingeatmet hatte, um zu sterben. Aber weder dieser noch ein anderer Eindruck sollte so intensiv und dauerhaft sein wie der Anblick des Leichnams, als der Bürgermeister das Tuch wegzog, um ihn meinem Großvater zu zeigen. Der Tote war nackt, starr und verkrümmt, die raue Haut von gelben Haaren bedeckt, und die Augen, friedliche Wasser, sahen uns an, als seien sie lebendig. Dieses Entsetzen, von jenseits des Todes angesehen zu werden, ließ mich über Jahre jedes Mal erschauern, wenn ich an den kreuzlosen Gräbern der Selbstmörder vorbeiging, die auf Anordnung der Kirche außerhalb des Friedhofs bestattet wurden. Woran ich mich im Angesicht der Leiche jedoch von Grauen erfüllt am deutlichsten erinnerte, waren die langweiligen Abende in diesem Haus. Vielleicht sagte ich deshalb, als wir das Haus verließen, zu meinem Großvater: ›Der Belgier wird nie wieder Schach spielen‹. Es war ein nahe liegender Gedanke, doch mein Großvater erzählte der Familie davon wie von einem genialen Einfall. Die Frauen verbreiteten derart begeistert meinen Ausspruch, dass ich eine Zeit lang den Besuchern auswich, da ich fürchtete, die Geschichte würde von mir erzählt werden oder ich dazu gezwungen, sie zu wiederholen ... Allerdings ist mir heute klar, dass jener schlichte Satz mein erster literarischer Erfolg war« (S. 117f.).

Der Kreative saugt die Eindrücke aus der Umgebung auf und nutzt sie für seine Entwicklung. Neben seiner Freude am Zeichnen faszinierten Gabito die Lieder der fahrenden Sänger und Akkordeonspieler. Er lernte sie auswendig und verspürte ein dringendes Bedürfnis zu singen, um sich lebendig zu fühlen. Unterstützt wurde er dabei von den Lehrerinnen der Montessori-Schule, die die ursprüngliche Freude der Schüler am Singen förderten und ihre fünf Sinne durch praktische Übungen schulten:

»Dank des Talents und der Schönheit der Direktorin Rosa Elena Fergusson war das Lernen ebenso wunderbar wie das Spiel, lebendig zu sein. Ich lernte den Geruchssinn schätzen, dessen Fähigkeit zu nostalgischen Beschwörungen ungeheuerlich ist. Den Geschmackssinn, den ich auf eine Weise schärfte, dass ich bei Getränken die Nuance Fenster und bei altem Brot die Prise Koffer herausschmeckte, sowie Tees, die nach Messe mundeten. Es ist schwer, solche subjektiven Genüsse von der Theorie her zu begreifen, aber wer so etwas selbst erlebt hat, wird es sofort verstehen« (S. 120).

Die Freude an alltäglichen Dingen und die Neugier auf die Geheimnisse des Lebens sind entscheidende Kräfte, schwierige Erfahrungen kreativ zu bewältigen. García Márquez wurde nicht als Schriftsteller geboren. Es fiel ihm sogar schwer, zu lesen. Als er aber mit Hilfe seiner Lehrerin die ersten Hürden überwunden hatte, fesselte ihn die Lektüre von Büchern, und es eröffnete sich ihm das wunderbare Reich der Phantasie. Dieses Reich erschließt sich aber nur demjenigen, der auch bereit ist, sich inspirieren zu lassen. Der andere, der sich gegen diese Inspiration wehrt, bleibt hier ein »trüber Gast«, ob in Literatur, Wissenschaft, privatem oder öffentlichem Leben.

García Márquez beschreibt, dass das wunderbare Reich der kreativen Entwicklung kein Zuckerschlecken ist. Es bedeutet Auseinandersetzung mit schmerzlichen Erfahrungen und seelischen Zerreißproben:

»Meine letzte Erinnerung an Cataca und das Haus in jenen schrecklichen Zeiten ist der Scheiterhaufen im Patio, auf dem die Kleider meines Großvaters verbrannt wurden. Seine *Liquiliquies* aus dem Krieg und die weißen Leinenanzüge des Obersten in Zivil sahen ihm beim Verbrennen so ähnlich, als stecke er noch lebendig darin. Vor allem die vielen Stoffmützen in verschiedenen Farben, an denen man ihn schon von fern erkennen konnte. Unter ihnen entdeckte ich meine Schottenmütze, die aus Versehen ins Feuer geraten war, und da erschütterte mich die Offenbarung, dass diese Vernichtungszeremonie mir eine eindeutige Rolle beim Tod des Großvaters zuschrieb. Heute sehe ich es deutlich: Etwas von mir war mit ihm gestorben. Aber ohne jeden Zweifel glaube ich auch, dass ich in diesem Augenblick ein Schriftsteller im Grundschulalter war, der nur noch schreiben lernen musste« (S. 124).

Beeindruckend ist die innige Verbundenheit mit dem Großvater, der tiefe Schmerz, aber auch der poetische Humor, der dem Schmerz eine Form gibt. Weitere seelische Schmerzen, Enttäuschungen und Entbehrungen durchzogen das Leben von García Márquez. Das Schreiben erschien oft als das wesentlichste Motiv, weiterzuleben. Als er, gerade Anfang zwanzig, gemeinsam mit der Mutter das alte Haus der Großeltern verkaufen wollte, überfiel ihn ein unsäglicher Schmerz. Das Haus war verfallen und unverkäuflich geworden, das Dorf öde und verlassen:

»Wir waren die einzigen Gespenster am Bahnhof, von dem Mann im Overall abgesehen, der die Fahrkarten verkaufte und außerdem all das erledigte, wofür zu unsrer Zeit noch zwanzig oder dreißig eilfertige Männer gebraucht wurden. Die Hitze war eisern. Jenseits der Bahngleise gab es nur noch Reste von der verbotenen Stadt der Bananengesellschaft: die alten Herrenhäuser ohne ihre Ziegeldächer, die welken Palmen inmitten von Gestrüpp und die Ruinen des Hospitals; hinter der Promenade dann das Haus der Montessori-Schule, verlassen zwischen hinfälligen Mandelbäumen, und vor dem Bahnhof die steinige kleine Piazza, der jede Spur von historischer Größe fehlte.

All das weckte beim bloßen Ansehen ein unwiderstehliches Verlangen in mir zu schreiben, um nicht zu sterben. Ich hatte so etwas schon mehrmals erlebt, aber jetzt erkannte ich darin das Feuer der

Inspiration, ein grässliches Wort, aber doch so real, dass es alles, was sich ihm entgegenstellt, zu Asche verbrennen will« (S. 125).

Dieser Drang zum Schreiben, Forschen, Kreativsein setzt sich auch gegen erbitterte Widerstände durch. Bei García Márquez war es der Vater, der sich mit aller Macht der literarischen Laufbahn des Sohnes entgegenstellte und die Fortsetzung des Jurastudiums forderte. Auf der erwähnten Reise mit der Mutter zum Verkauf des großelterlichen Hauses drängte sie darauf, dem inständigen Bitten des Vaters nachzugeben:

»Auf dem Schiff dann, früh am Montagmorgen, bei einer frischen Brise von der friedlichen Lagune, bemerkte meine Mutter, dass auch ich nicht schlief, und fragte:

›An was denkst du?‹ ›Ich schreibe‹, erwiderte ich. Und beeilte mich, etwas freundlicher zu sein: ›Besser gesagt, ich denke an das, was ich schreiben werde, wenn ich im Büro bin.‹ ›Hast du keine Angst, dass dein Vater vor Kummer stirbt?‹ Ich kam mit einem Ausweichmanöver davon: ›Er hat schon so viele Gründe zum Sterben gehabt, und dieser ist weit weniger tödlich als andere‹« (S. 125).

García Márquez erinnert an Rilke, der sagte, man solle gar nicht schreiben, wenn man glaubt, ohne zu schreiben leben zu können. Diese Unerbittlichkeit findet sich, wenn auch weniger dramatisch ausgesprochen als bei García Márquez, bei den meisten kreativen Persönlichkeiten. García Márquez schildert, wie er nach den vergeblichen Versuchen der Mutter, ihn zu einer dem Vater sinnvoller erscheinenden beruflichen Laufbahn zu bewegen, in sein Büro stürzt, um seinen Roman zu beginnen. Er arbeitete zeitverloren bis zum nächsten Morgen. Bald musste García Márquez jedoch entdecken, dass Begabung und Gestaltungswille nicht ausreichen, sondern die kreative Aufgabe Eigengesetzlichkeiten aufweist, die er noch zu meistern hatte:

»... ich war noch zu grün, um mir darüber im Klaren zu sein, dass Romane nicht so beginnen, wie man will, sondern so, wie sie wollen. Sechs Monate später, als ich mich schon in der Zielgeraden wähnte, musste ich die ersten zehn Seiten gründlich überarbeiten, damit sie für den Leser glaubhaft wurden, und noch heute erscheinen sie mir nicht ganz stimmig« (S. 128).

Diese Erfahrung berichten viele Kreative: Nach der Illumination kommt eine Phase der Ausarbeitung, in der das Material, seien es Worte, Töne, Farben, naturwissenschaftliche Experimente, ökonomische Zusammenhänge oder politische Konstellationen, seine Eigenart entfaltet.

In den Zerreißproben der kreativen Arbeit gewinnen wohlwollende und geduldig fördernde Begleiter großen Einfluss. Eltern oder Großeltern verlieren ihre Bedeutung und es wird zunehmend wichtig, andere Weggefährten zu finden. Die Peergroups spielen in der Adoleszenz eine besondere Rolle bei der Entfaltung von Talent und Gestaltungsdrang. García Márquez fand zu Beginn seines Studiums und seiner Arbeit bei einer Zeitung eine verschworene Gemeinschaft von Gleichgesinnten, die sich gegenseitig verstärkten:

»Wir hatten so viel gemeinsam, dass böswillig behauptet wurde, wir seien Söhne desselben Vaters, man hatte uns im Auge und mochte uns in gewissen Kreisen nicht besonders wegen unserer Unangepasstheit, dem unwiderstehlichen Gefühl einer Berufung und einer kreativen Entschlossenheit, die sich den Weg mit den Ellenbogen bahnte, sowie einer Schüchternheit, mit der jeder von uns auf seine Weise fertig wurde, und das nicht immer erfolgreich ... Die Gruppe war spontan entstanden, gewissermaßen der Gravitationskraft gehorchend, durch eine unzerstörbare Anziehung, die auf den ersten Blick schwer zu verstehen war« (S. 132f.).

Eine solche Gruppe hilft auch Ablehnung seitens kritischer Beobachter und finanzielle Not zu ertragen, unter der García Márquez seit frühester Kindheit zu leiden hatte. Die Großeltern hatten nur sporadische Einkünfte und warteten bis zu ihrem Tod auf eine Rente, die nie eintraf, und im Elternhaus wusste man oft nicht, wovon in der nächsten Woche Brot gekauft werden konnte. Dennoch hielt ein humorvoller Lebenswille die kreative Phantasie, die Liebe zur Musik und zu den Menschen wach. García Márquez hatte während seiner ersten Zeit als Journalist nicht einmal ein Dach über dem Kopf und blieb dennoch humorvoll:

»Ich war als einziger in der Bruderschaft unbehaust und suchte oft im Café Roma Zuflucht, um dort in einem abgelegenen Winkel bis zum Anbruch des Tages zu schreiben, da meine Arbeiten die paradoxe Eigenschaft hatten, wichtig und zugleich schlecht bezahlt zu sein« (S. 139).

Bei allem Leiden siegen der Humor und die Schaffenskraft. García Márquez illustriert die kreative Bewältigung von misslichen Verhältnissen und respektiert dennoch die Wichtigkeit fördernder Rahmenbedingungen für die kreative Arbeit. Viele Kreative haben allerdings nicht die Kraft gegen beständige Widerstände zu arbeiten, und oft sind die Rahmenbedingungen so unzureichend, dass auch talentierte und motivierte Personen angesichts von Vereinsamung und ökonomischer Not kapitulieren.

Förderung der Kreativität durch Beratung und Coaching

Verbreitung und Konzepte

Angesichts von globalem Konkurrenzdruck, Arbeitsplatzunsicherheit und ständigen beruflichen und persönlichen Veränderungsprozessen ist der Beratungsbedarf von Unternehmen, sozialen und wissenschaftlichen Einrichtungen, Managern, Politikern, Medienvertretern und Künstlern in den letzten Jahren kontinuierlich gestiegen. Für die individuelle und psychologische Beratung von Einzelpersonen und Arbeitsgruppen wurde der Begriff Coaching aus dem angelsächsischen Sprachraum übernommen. Hier findet sich die Bezeichnung »Coach« seit dem 19. Jahrhundert für Personen, die an Universitäten Studenten und »high-potentials« auf wissenschaftliche Aufgaben, Prüfungen und sportliche Wettkämpfe vorbereiten. Seit den 1980er Jahren hat sich der Begriff Coaching auch in Europa eingebürgert. Coaching wird als eine Form von Beratung angesehen, die dazu dient, die Ziele der einzelnen Persönlichkeiten und der Organisationen, in denen sie tätig sind, synergetisch zu verwirklichen. Es ist eine Kombination aus
- persönlicher Unterstützung,
- Verbesserung der Arbeitsorganisation,
- Verstärkung sozialer Fähigkeiten,
- Klärung von Lebensthemen und
- Aktivierung von Ressourcen.

Die Einsicht hat sich durchgesetzt, dass zur beruflichen Leistungsfähigkeit auch eine persönliche Entwicklung gehört, die qualifiziert unterstützt werden kann. Allerdings erheben sich auch kritische Stimmen, die die euphorischen Erfolgsmeldungen zum Coaching bezweifeln und viele Coaches gar als Scharlatane einschätzen. So genannte Kreativitätstrainings haben sich oft als unwirksam erwiesen und manche sogar als schädlich. Das gesamte Feld ist unübersichtlich und es existieren keine verbindlichen Qualitätsstandards. So fanden sich im Jahr 2000 über 50 000 Einträge im Internet. Typisch sind Coachingstrategien, die die Vermittlung der persönlichen Lebensphilosophie der Coaches mit Verhaltenstrainings und emotionaler Verstärkung mischen.

Als Beispiel sei eines der erfolgreichsten Coachingunternehmen aus den Vereinigten Staaten von Amerika genannt: *The Ken Blanchard Companies*. In ihrem Internetauftritt streben sie an, der führende Anbieter von Lösungen zu sein, die menschliche Werte und Entwicklung am Arbeitsplatz fördern. Coaching helfe Personen, ihre Fähigkeiten optimal einzusetzen und ihr Wohlbefinden zufrieden stellend zu steuern:

»Coaching ist ein Prozess von ›self-leadership‹, der Klienten hilft Klarheit darüber zu finden, wer sie sind, was sie tun und wohin sie gehen.«

In dem gemeinsam mit dem erfolgreichen Football-Trainer Don Shula verfassten Buch »Everybody is a Coach« beschreibt Ken Blanchard (2000) Grundelemente erfolgreichen Coachings. Diese lassen sich folgendermaßen zusammenfassen:
- Klären von Wertvorstellungen,
- Festlegen von Zielen,
- Streben nach fachlicher und persönlicher Exzellenz,
- Bereitschaft zu beständigem Lernen und
- Streben nach Ehrlichkeit und Authentizität.

Neuere Studien zeigen, dass professionelles Coaching persönliches Wohlbefinden, Handlungsorientierung und Selbstvertrauen steigern kann. Es kann auch zur Prävention von Burn-out-Syndromen, Substanzmissbrauch und stressbedingten Krankheiten dienen. Aus diesem Spektrum ergibt sich, dass Coaches über hohe persönliche, psychologische und gelegentlich auch medizinische Kompetenzen verfügen sollten.

Die Nachteile von unprofessionellem Coaching erwachsen bereits aus einer unzureichenden Problemanalyse: Ein nicht bewusst wahrgenommenes, den kollegialen Kontakt vergiftendes Rivalitätsproblem kann nicht durch »positives Denken« oder das Training einer »Siegermentalität« bewältigt werden. Und einer Führungskraft mit einem beginnenden Alkoholproblem sollte man nicht zur Entspannung »zwei Gläschen Wein« empfehlen. Für die Behebung von Ermüdung, Demotivierung und Burn-out ist es höchst bedeutsam zu unterscheiden, ob die Person an dysfunktionalen Zielvorstellungen, falschem Zeitmanagement, persönlichen Konflikten oder einer biologisch bedingten Form von Depression leidet, die eine entsprechende Behandlung erfordert.

Wie eine dilettantische Problemanalyse ist es auch schädlich, eklektische Techniken anzuwenden und dabei die Persönlichkeitsprofile und individuellen Bedürfnisse der Klienten außer Acht zu lassen. Deswegen sollten Berater über die Fähigkeit verfügen, das Verhalten ihrer Klienten zu analysieren, psychische Hemmungen zu erkennen und die Persönlichkeit der Klienten mit ihren Stärken und Schwächen realistisch einzuschätzen.

Coaching kann man von anderen Personalentwicklungsmaßnahmen wie Consulting, Mentoring und Supervision unterscheiden. Es lässt sich folgendermaßen definieren: Coaching ist eine Betreuung von Einzelpersonen, Teams und Arbeitsgruppen. Die Coaches setzen ihre persönlichen, psychologischen und Feldkompetenzen ein, um die Produktivität, Kreativität, Gesundheit und persönliche Entwicklung der Klienten zu fördern. Das Coaching fokussiert auf die individuelle Produktivität und ist weniger ursachen- als zielorientiert. Kreatives Selbstmanagement ist das oberste Ziel. Fünf Elemente des Coaching haben sich als wirksam herausgestellt:
– persönliche Unterstützung durch kompetente Berater,
– Training von Arbeits- und Kommunikationstechniken,
– Lösung intrapersonaler Konflikte,
– Behebung interpersonaler Probleme sowie
– Aktivierung individueller und sozialer Ressourcen.

Persönliche Unterstützung durch kompetente Berater

Wie in der Beratung im Allgemeinen, so ist auch im Coaching die Qualität der hilfreichen Beziehung entscheidend für seinen Erfolg. Es ist bekannt, dass die persönliche Unterstützung durch einen kompetenten Berater häufig schon einen ersten Schritt darstellt, um Mutlosigkeit, Desinteresse und Passivität zu beheben und Neugier, Motivation und Initiative zu wecken. Oft führt die persönliche Unterstützung zu einer positiven Selbstaktualisierung und – bei angemessener Gestaltung der Beratungsbeziehung – zu einem Gefühl von Selbstwirksamkeit und Authentizität. Die damit einhergehende Zunahme von Selbstvertrauen kann zu mehr Produktivität und Kreativität im Arbeitsprozess führen.

Training von Arbeits- und Kommunikationstechniken

Im Coaching kann dysfunktionales Arbeitsverhalten analysiert und verbessert werden. Unangemessene Wahrnehmungs- und Bewertungsprozesse können mittels der sokratischen Gesprächsführung, die die eigenen Ideen des Ratsuchenden entwickelt, korrigiert werden. Die Anwendung von Entspannungsübungen und Reizexpositionen kann Angst und dysfunktionalen Stress reduzieren.

Das Kommunikationsverhalten kann durch eine Vielzahl von Maßnahmen positiv beeinflusst werden. Dabei steht weniger die Ursachenklärung als die Handlungs- und Ergebnisorientierung im Vordergrund. Auf der Basis von produktiver Arbeitsorganisation und adäquater Kommunikation werden Spielräume eröffnet, in denen Raum für kreative Ideen geschaffen wird.

Nicht zu vernachlässigen sind die individuell zugeschnittenen verhaltensmedizinischen Ratschläge zur Lebensführung: zum Beispiel Balance von produktiver Arbeits- und gehaltvoller Freizeitgestaltung, an den Lebensstil angepasste Ernährung und adäquate körperliche Aktivität. Solche Ratschläge werden von Coaches, ähnlich wie von Therapeuten oder Ärzten, aufgrund ihrer charismatischen Position eher akzeptiert als von alltäglichen Ratgebern, Partnern, Freunden oder Kollegen. Dies verlangt von den professionellen Beratern einen besonders verantwortungsvollen Umgang mit ihrem Einfluss.

Lösung intra- und interpersonaler Konflikte

Viele begabte und fleißige Persönlichkeiten scheitern an persönlichen Konflikten in ihrer Arbeitsumgebung. Sie finden keine adäquaten Formen, Neugier, Interesse und Ehrgeiz einzubringen, sind zu forsch oder zu furchtsam, zu individualistisch oder zu angepasst. Diskrepanzen von Selbst- und Fremdwahrnehmung führen häufig zu Missverständnissen mit Kollegen. Oft führen psychische Hemmungen zu mangelhafter Nutzung des individuellen kreativen Potenzials. Psychologisch geschulte Coaches können dabei helfen, unbewusste Blockaden der persönlichen Entwicklung und des Arbeitserfolgs zu erkennen und diese mit dem Klienten zu beheben.

Im Coaching finden Klienten nicht nur einen Resonanzraum für ihre Konflikte, sondern auch für ihre emotionalen, intellektuellen und sozialen Stärken. Dies verleiht ihnen Sicherheit und Selbstvertrauen, die für kreative Arbeit unerlässlich sind. Häufig wird die kreative Arbeit durch nicht bewältigte Rivalitätsprobleme behindert. Neid und Missgunst können die begabtesten Arbeitsgruppen lähmen. Sowohl im Einzel- als auch im Teamcoaching hilft das Verstehen interpersonaler Probleme, die Arbeitsfähigkeit und Kreativität der Zusammenarbeit von Arbeitsgruppen zu verbessern. Die Moderation gruppendynamischer Prozesse kann zu einer entspannten, produktiven und kreativen Arbeitsatmosphäre beitragen.

Aktivierung individueller und sozialer Ressourcen

Im Coaching steht die Orientierung an den persönlichen und betrieblichen Ressourcen des Klienten in seinem Arbeitsfeld im Vordergrund. Coaching zielt gleichzeitig auf die Bewältigung von beruflichen Anforderungen und die Fähigkeit der Person, mit diesen

Anforderungen adäquat umzugehen. Die wichtigsten Ressourcen, die benötigt werden, um in Belastungssituationen zu bestehen, sind:
- verlässliche persönliche Bindungen,
- Vertrauen in die eigenen Fähigkeiten,
- Stabilität in Konflikten,
- Verstehen der eigenen Situation,
- authentisches Handeln sowie
- Zuversicht und Optimismus.

Die Verstärkung dieser Ressourcen kann in Krisensituationen verhindern, dass Persönlichkeiten ihre Arbeitsfreude und Kreativität verlieren und an ihren Aufgaben scheitern.

Kompetenzen der Berater und Coaches

Aus dem Gesagten folgt, dass Berater und Coaches über vielfältige persönliche und psychologische Kompetenzen verfügen müssen. Zusätzlich zu ihrer fachlichen Qualifikation ist Feldkompetenz notwendig, weil Coaches in verschiedenen Beratungsbereichen, bei Politikern, Unternehmern, Wissenschaftlern und Künstlern, auf sehr unterschiedliche Arbeitsorganisationen und Kommunikationsstrukturen treffen. Auch die individuellen Arbeitsstile und Kreativitätsprofile unterscheiden sich in den einzelnen Branchen erheblich. So lässt sich das Profil von guten Beratern folgendermaßen zusammenfassen:
- professionelle Ausbildung,
- Feldkompetenz,
- Sensibilität,
- Kommunikationsstärke,
- Authentizität und
- Lebenserfahrung.

Eine *kreative Haltung* verstärkt die genannten Charakteristika guter Berater. Ich will dies im Folgenden an Fallbeispielen aus Kunst und Wissenschaft, Politik und Wirtschaft erläutern, die in englischer Sprache in meinem Buch »The Art of Counselling and Psychotherapy« (2004) enthalten sind.

Beispiele aus der Praxis

Eine Sängerin

Die junge Sängerin steht am Anfang ihrer Karriere und hat erste internationale Auftritte erfolgreich absolviert. Ein großes Talent wird ihr von Experten bescheinigt. Ihre Professorin an der Hochschule und zwei renommierte Kritiker sagen ihr jedoch, dass sie wegen ihrer Anspannung unter ihren Möglichkeiten bleibe. Aus diesem Grund engagiert sie mich auf Empfehlung eines mit ihr befreundeten Komponisten als Berater.

Die hoch gewachsene und attraktive Künstlerin zeigt sich im ersten Gespräch charmant und selbstsicher. Im Hintergrund ist jedoch eine Beunruhigung spürbar, die auch ihre Stimme – diskret und doch deutlich spürbar – beeinträchtigt.

Im Rahmen der ersten Coachingsitzungen werden folgende Konflikte sichtbar: Die Sängerin hat das Gefühl, den Boden unter den Füßen zu verlieren, wenn sie sich ganz ihrer Darbietung hingibt. Im Unterricht mit ihrem berühmten Gesangslehrer fühlt sie sich zu stark kritisiert und auf der Bühne von ihren Partnern abschätzig beurteilt. Besonders bei anzüglichen Bemerkungen kommt ihr »die Galle hoch«. Sie kann sich dann schlecht auf ihren Gesang konzentrieren. Beim Singen zu Hause gelingt ihr die Hingabe an das freie Strömen ihres Atems und das wunderbare Gefühl, wenn die Töne frei schwingen. Aber im Beisein anderer kann sie sich nicht fallen lassen, sie verspürt eine Angst wie vor dem Fliegen. Diese Ängste beeinträchtigen ihre Neugier, sich auf neue Entwicklungen und Engagements einzulassen, blockieren ihre musikalischen Interessen und hemmen ihren Ehrgeiz.

»Zwei Seelen wohnen in meiner Brust, die mir jede Entscheidung schwer machen.« Einerseits möchte sie ihre künstlerische Begabung entwickeln und ein freies, mondänes Leben führen. Andererseits würde sie lieber einen helfenden Beruf ausüben, zum

Beispiel als Ärztin oder Lehrerin arbeiten. Damit wäre auch ein anderer Lebensstil mit fester Partnerschaft und Kindern verbunden. Dann könnte sie auch in der Nähe ihres geschiedenen Vaters leben und sich um ihn kümmern. Es ist der Sängerin nicht bewusst, dass sie mit ihrer künstlerischen Laufbahn einen Lebensweg beschreiten würde, der ihr die Trennung von ihrem Vater abverlangt. Sie hat die unbewusste Phantasie, dass sie durch einen sesshaften Lebensentwurf etwas reparieren könnte, was in der Familie durch die Trennung der Eltern zerbrochen ist. Neben diesem Motiv spielt die Sehnsucht, das Ausgeliefertsein auf der Bühne zu vermeiden, eine große Rolle. Schon im ersten Gespräch konfrontiert sich die Sängerin mit der Tatsache, dass künstlerische Selbstdarstellung immer mit dem Verlust von Intimität einhergeht.

In der Beratung gelingt es rasch, eine verlässliche persönliche Beziehung aufzubauen und das Selbstvertrauen der Sängerin zu verbessern. In insgesamt zehn Doppelsitzungen bearbeiten wir ihre Konflikte mit den motivationalen Bedingungen ihrer künstlerischen Arbeit: Neugier, autotelisches Interesse und Ehrgeiz. Bald wird deutlich, dass sie nicht nur Angst, sondern auch Schuldgefühle hat, wenn sie neugierig, interessiert und ehrgeizig ihre Ziele verfolgt. Ihr wird deutlich, dass sie das Gefühl, besser als ihre Rivalinnen sein zu können, kaum ertragen kann.

Während der Arbeit an emotionalen Konflikten entwickeln wir ein Programm, wie sie auf der Bühne sicherer werden kann: Sie erlernt als spezifische Ankertechnik Phantasiereisen, in denen sie sich von vertrauten Personen begleitet und unterstützt fühlt. Durch solche Phantasien und den gezielten Einsatz eines inneren Dialogs mit Freunden und ihrem Berater wird es ihr möglich, sich assoziativ und spielerisch ihren Liedern und Arien zu überlassen. Dadurch wächst ihr Selbstgefühl, sie fühlt sich zunehmend heimisch in ihrer Stimme, in ihrer Kunst und in der Bühnenwelt. Das bewusste Inszenieren von zukünftigen Möglichkeiten in ihrer Phantasie erlaubt ihr mehr Freiheit, sich auf die alltägliche künstlerische Arbeit einzulassen. Gegen Ende des Coachings wird die Sängerin unabhängiger und nonkonformistischer. Sie muss nicht mehr beständig auf die Zustimmung oder Ablehnung der anderen lauern, ein Verhalten, das es ihr lange Zeit erschwerte, »bei sich zu sein«. Diese Zunahme an Authentizität erlaubt ihr jetzt auch »über sich hinauszugehen«.

Nachdem die Sängerin mehr »Mut zu sich selbst« entwickelt hat, wächst ihr Interesse an neuen Liedern und Arien und sie entdeckt neue gesangliche Möglichkeiten. Sie kann ihr Künstlerinsein bejahen und muss nicht länger aus Angst, Scham und Konformismus vor ihrer Begabung flüchten.

Der Beratungsprozess ist natürlich komplexer, als hier in Kürze dargestellt. Besonders die Bearbeitung inter- und intrapersonaler Konflikte ist nicht immer leicht. Sie ist jedoch notwendig, weil sonst die Verstärkung der genannten Elemente der kreativen Faszination oberflächlich und wirkungslos bleibt. Intrapersonal ist es für unsere Sängerin besonders wichtig, ihre Ambivalenz gegenüber einer künstlerischen Karriere anzunehmen und zu verstehen. Interpersonal öffnet ihr die Beratung die Augen für Rivalitäts-, Neid-, Schuld- und Schamkonflikte. Durch das Bewusstwerden dieser Konflikte kann sie sich von deren hemmenden Einflüssen befreien. Die im Coaching durchgeführte Reise in ihre Vergangenheit, in ihre Ängste und Befürchtungen, Träume und Sehnsüchte führt nicht zu einer unfruchtbaren Selbstbespiegelung, sondern zu zuversichtlicher Entwicklung ihres kreativen Potenzials.

Nach zehn Doppelsitzungen sind die Blockaden der Sängerin spür- und hörbar beseitigt. Sie konsultiert mich seit dieser Zeit etwa zweimal im Jahr, wenn es ihre internationale Karriere erlaubt.

Ein junger Wissenschaftler

»Es ist alles vorbei, ich habe meinen Vortrag in den Sand gesetzt, es gibt für mich keine Perspektive mehr«, presst der junge Wissenschaftler bei der Begrüßung hervor. Ein Vortrag zur Bewerbung auf eine Juniorprofessur hat nicht das gewünschte Ergebnis erbracht: »Jetzt kann ich mich gleich aufhängen.« Sein Mentor hat empfohlen, sich an mich zu wenden: »Wie kann mir ein Berater in meiner verfahrenen Situation helfen?«

Dem Erstgespräch ist ein Telefonat mit einem bekannten Mathematikprofessor vorausgegangen, der den jungen Wissenschaftler als »hoffnungsvolles Talent« in den letzten Jahren wissenschaftlich und persönlich unterstützte. Der Professor berichtet, dass sein Schützling von einer Hochbegabtenstiftung gefördert worden ist, immer exzellente Leistungen erbrachte und »insgesamt ein verlässlicher Mensch mit hohem Potenzial ist«. Sein Versagen »ist absolut unerklärlich«.

Der Klient ist ein etwas korpulenter, mittelgroßer junger Mann. Er wirkt sehr unruhig und verstört, schaut mich mit weit aufgerissenen Augen an, streift seine schwitzenden Hände beständig an den Oberschenkeln ab und schaukelt fortwährend auf dem Sitz hin und her. Um die Situation zu beruhigen, erkundige ich mich nach seiner alltäglichen Lebensgestaltung. Er ist zunächst unwillig, weil er glaubt, dass das mit seiner wissenschaftlichen Karriere gar nichts zu tun habe. Dann erzählt er mir aber doch, dass er von morgens um acht bis abends um elf arbeitet und anschließend das Fernsehprogramm »durchzappt, zum Entspannen«. Ich traue mich, seinen Tagesablauf in Frage zu stellen: »Was soll ich denn tun, in Kneipen versacken?« »Das muss ja nicht unbedingt sein, aber wie wäre es mit gelegentlichen Theater- oder Kinobesuchen?« »Ja, aber dann komm ich ins Grübeln.« »Worüber denn?« »Dass ich nicht die gleiche Leistung wie meine Schwester bringe. Mein Vater, ein Professor der Medizin, ist dermaßen Stolz auf seine erfolgreiche Tochter. Ich schaff das nie ...«

Ich ermuntere den Klienten, mir noch etwas mehr von seinem Leben zu erzählen. Bereitwillig berichtet er von seinen Eltern, die ihn sehr unterstützen. Um ihnen keine Schande zu bereiten, habe er sein ganzes Leben auf beruflichen Erfolg zugeschnitten. Um die Fixierung auf das Berufliche aufzulockern, erkundige ich mich nach seinen anderen Interessen und erfahre, dass der Klient leidenschaftlich gern schwimmt und im Wasser früher immer ein besonderes Wohlsein empfunden hat. Ich rate ihm, gerade in Spannungssituationen zunächst täglich schwimmen zu gehen, und er will das umsetzen. Wir kommen noch auf andere Themen zu sprechen, besonders seine Träume und Sehnsüchte.

Während er über meine Frage nach seinen drei wichtigsten Wünschen nachdenkt, bemerke ich, wie er sich zunehmend entspannt. Das Gesicht des Klienten wirkt gelöster, die Hände sind weniger verkrampft und gelegentlich lässt er sogar seinen hintergründigen Humor spüren. Der Eindruck stellt sich ein, dass das erste Element des Coaching, die persönliche Unterstützung durch einen kompetenten Berater, zu wirken beginnt.

Der Klient erzählt jetzt, dass er sich mit Coaching beschäftigt hat. Was da an »psychologisch verbrämten, dummen Sprüchen verkauft wird, das ist schon bemerkenswert«. Besonders in den Großgruppen würden sich Sektenführer tummeln wie auf dem Fußballplatz – »nichts gegen Fußball«. Listig mustert er mich, als frage er sich, zu welcher Mannschaft ich gehöre. Ich selbst halte fest, dass er augenscheinlich Vertrauen gefasst hat und riskiert, sich offen zu äußern.

Auf der Grundlage des sich etablierenden Vertrauensverhältnisses beschäftigen wir uns in der nächsten Sitzung mit seinen Arbeitstechniken. Wir entwickeln einen Zeitplan für eine anstehende wissenschaftliche Publikation und weitere Arbeiten. Seine Präsentationstechniken sind mangelhaft, weswegen wir eine weitere Sitzung verwenden, um rhetorische Grundregeln zu lernen. Er zeigt sich zunächst skeptisch, als sei es für einen wirklichen Wissenschaftler unwürdig, sich mit solchen »Kommunikationsspielchen« zu beschäftigen. Nach einem Seminarvortrag berichtet er jedoch, dass die rhetorischen Regeln ihn nicht von der Sache selbst abgelenkt haben, sondern im Gegenteil zu einer besseren Konzentration führten.

Ein wesentlicher Bestandteil der Arbeitstechniken ist die erfüllende Freizeitgestaltung. Diesem Klienten muss ich geradezu verbieten, die Freizeit zappend vor dem Fernseher zu verbringen. Letztendlich nimmt er meine Ratschläge an, beendet seinen übermäßigen Medienkonsum, geht regelmäßig schwimmen und trifft sich mit Freundinnen und Freunden. Er entdeckt, dass ihn die sportliche Disziplin, die abendliche Geselligkeit und der Verzicht auf die mediale Berieselung entspannen und ihm wieder Lust auf seine wissenschaftliche Arbeit machen.

Bei der Besprechung seiner Zukunftsperspektiven wird deutlich, dass er nicht nur Angst hat, die hoch gesteckten Erwartungen nicht zu erfüllen, sondern auch befürchtet, sich durch wissenschaftlichen Erfolg zu sehr herauszuheben: »Dann ist man allein, die anderen werden neidisch und mögen einen nicht mehr.« Mit diesen Themen erreichen wir den Bereich intra- und interpersonaler Konflikte. Dies kostet mehr Zeit, und wir benötigen etwa fünf Doppelstunden, um seine psychischen Probleme, die mit seiner wissenschaftlichen Laufbahn verbunden sind, zu lösen. Dabei wird zunächst seine Angst zum Thema, dass Engagement, Leistung und Erfolg Neid und Missgunst provozieren. Er erinnert sich, wie seine schulischen Leistungen vom Vater sehr anerkannt wurden. In der Schule ist er jedoch in eine Außenseiterposition geraten. Als Streber wurde er aus der Klassengemeinschaft ausgeschlossen und hat selbst die Einsicht entwickelt, dass zu intellektuellem Erfolg soziale Isolation gehöre. Deswegen hat er sich immer von Mädchen fern gehalten und auch heute noch das Gefühl, dass die Beziehung zu einer Frau seiner intellektuellen Stringenz schaden würde. Andererseits bedauert er seine Einsamkeit und denkt an die nachdenklichen Blicke seiner Mutter, wenn er schon im Kindesalter mit dem Vater stundenlang abstrakte Themen besprach. Obwohl dies sehr interessant war, habe es ihn möglicherweise von seinen emotionalen Seiten weit entfernt.

Der Klient zieht aus der Reflexion seiner intra- und interpersonalen Konflikte den Schluss, dass ein dauerhafter emotionaler Rückzug von seinen Mitmenschen auch seiner wissenschaftlichen Produktivität schadet. Er erarbeitet sich Strategien, in denen er zu einem besseren Äquilibrium zwischen Arbeit und Geselligkeit, Anspannung und Entspannung findet.

Die Förderung individueller und sozialer Ressourcen ist bei diesem Klienten unkompliziert. Der Fokus der Gespräche liegt auf der Beseitigung emotionaler Hemmungen. Dadurch gelingt es ihm, seine lange vernachlässigten spielerischen und kommunikativen Seiten wieder zu entdecken. Die Bearbeitung emotionaler Konflikte führt wie von selbst zur Wiederentdeckung von Neugier, Interesse und Ehrgeiz, die auch für ihn bei der Bewältigung schwieriger Aufgaben notwendige Motivationen sind.

Wir haben zwölf Doppelsitzungen bis zum nächsten Bewerbungsvortrag benötigt, der ihm eine interessante berufliche Position eröffnete. Der Klient ist heute Leiter eines erfolgreichen Instituts und überrascht seine Kollegen oft durch originelle Lösungsvorschläge. Er hat den Ruf, konzentriert, doch gelassen arbeiten zu können und ungewöhnliche Ideen leichter und flexibler zu finden als andere. In schwierigen Situationen greift er auf die im Coaching gelernten Imaginationstechniken und den inneren Dialog mit mir als seinem Coach zurück: »Die Möglichkeit, mit einem kundigen Begleiter über alles absolut vertraulich sprechen zu können, hat mir viel Sicherheit und Selbstvertrauen gegeben.«

In schwierigen Entscheidungssituationen konsultiert er mich, um seine Wert- und Zielvorstellungen zu überprüfen. Er schildert überzeugend, dass er sich bemüht, seine Mitarbeiter zu fördern und für sein Team kreative Rahmenbedingungen zu schaffen.

Coaching eines Politikers

Ein Politiker sucht sich einen externen und persönlichen Berater. Er hat es sehr weit gebracht und viel erreicht, »alles, was ich mir wünschen konnte«. In seinem Amt ist er eigentlich zufrieden, er leidet jedoch unter den beständigen Veränderungen. Sowohl in Sach- als auch Personalfragen existieren keine verbindlichen Leitlinien, sondern man muss von Fall zu Fall neu entscheiden, improvisieren, immer wieder neue Lösungen erfinden. Er wisse nicht, wie lange er das noch aushalte. Familienangehörige und Freunde sind ihm unersetzliche Begleiter, doch keiner kann sich ganz auf seine Situation einstellen, und er möchte sich auch nicht von einer schwachen Seite zeigen, weil er den anderen Sicherheit und Stabilität geben muss.

Im Coaching erarbeiten wir zunächst ein Fundament und stellen die Werte und Arbeitsabläufe fest, die klar und sicher sind. Der Politiker ist selbst überrascht zu sehen, wie eindeutig und bestimmt seine Zielvorstellungen sind, wenn er sie aus einer gelassenen Beratungsperspektive betrachtet. Diese Klarheit und Sicherheit erlauben es ihm, wieder mehr auf sein assoziatives und intuitives Denken zu vertrauen: »Warum nicht einmal etwas aus dem Bauch heraus entwickeln, in der Phantasie durchspielen und erst anschließend einer rationalen Überprüfung unterziehen?«

Um sich ungestört einem kreativen Spiel mit Möglichkeiten zu überlassen, braucht man Selbstvertrauen. Dieses ist bei dem Politiker sehr ausgeprägt, sonst wäre er nicht dort, wo er jetzt steht. Und dennoch: »Manchmal macht mich der Medienwirbel ganz verrückt. Ich komme mir vor wie eine Puppe, die Sprechblasen produziert.« Rhetorik und körpersprachlichen Ausdruck habe er »wunderbar gelernt«. Aber man werde zu einer Maske, in der man sich irgendwann selbst nicht mehr erkennt. Manchmal habe er das Gefühl, dass ihn politische Auftritte und Talkshows verdrossen machen, weil er, wie so viele seiner Kollegen, seine Darstellungen fad und nichts sagend findet. Bei Fernsehauftritten stelle sich ein Gefühl von Leere ein, seinen Mitstreitern und Gegnern gehe es ähnlich: »Wie ist es möglich, in einem solchen System ehrlich zu bleiben? Jede spontane Äußerung wird sofort medial bestraft. Schritt für Schritt laufe ich leer, habe einfach keine Lust mehr, werde müde, kann schlecht schlafen ... «

In den ersten Sitzungen findet der Politiker zunächst Entlastung: »Endlich einmal ein Platz, wo man ohne Angst vor negativen Konsequenzen sprechen kann.« Er nimmt sich die Freiheit, frei assoziativ über alles zu sprechen, was ihm spontan einfällt, und dabei einen zugewandten und aufmerksamen, aber nicht wertenden oder gar verurteilenden Zuhörer zu haben: »Ohne Verantwortung die Gedanken schweifen lassen, wie lange habe ich das nicht mehr getan ... «

Nach der entlastenden Phase erarbeiten wir im Coaching Techniken, die es dem Klienten ermöglichen, auch innerhalb des medialen Rollenspiels neugierig und interessiert zu bleiben. Phantasiereisen und Reizexpositionen in sensu stärken sein Selbstvertrauen und helfen ihm, Spielräume zu entwickeln, in denen er das Gefühl hat, »ganz bei sich zu sein«. Die Beratungssituation selbst ist für den Politiker solch ein Spielraum, in dem er seine Originalität und Phantasie wieder entdeckt. Damit einhergehend weicht sein Burn-out-Gefühl und er ist wieder mit gewohntem Schwung bei der Sache.

Das Coaching mit dem Politiker umfasste zehn Doppelstunden. Wir sehen uns jetzt alle zwei bis drei Monate und er betrachtet unsere Treffen als Erinnerung an die kreativen Prinzipien, die er nicht aus dem Auge verlieren will.

Teamcoaching in einem Unternehmen

Ein großes, international erfolgreiches Unternehmen hat Schwierigkeiten, seine Führungskräfte zu konstruktiver Zusammenarbeit zu motivieren. Der eine macht den anderen schlecht, die nachgeordneten Mitarbeiter sind verdrießlich. Die Sekretärin eines Vorstands wagt zu sagen: »Die Stimmung ist vergiftet und die Mitarbeiter entziehen sich zunehmend gemeinsamen Projekten. Manche packt das lächerliche Burn-out-Syndrom, das jetzt in aller Munde ist. Das schadet nicht nur dem Unternehmen, sondern auch den Mitarbeitern selbst.« Auch der Vorstand registriert seit Monaten das unangenehme Betriebsklima, findet jedoch keine plausiblen Erklärungen. Ein Kollege nennt sachliche Gründe für die schlechte Arbeitsatmosphäre, ein anderer meint, »irgendwo anders ist der Wurm drin«. Was tun? Gemeinsam mit dem Vorstandsvorsitzenden fasst man den Entschluss, einen Coach zu engagieren. Die Wahl fällt auf mich. Man lädt mich zu einem Führungskräfteseminar ein und verständigt sich auf das Thema Konfliktmanagement.

An dem zweitägigen Seminar nehmen 20 Mitarbeiterinnen und Mitarbeiter teil. Ich leite es mit einem kulturgeschichtlichen Vortrag über Entstehungsbedingungen und Lösungen betrieblicher Konflikte ein. Anschließend bereiten zwei Gruppen eine Pro- und Kontra-Diskussion zu den geäußerten Thesen vor. Ausgangspunkte sind die zunehmend härter werdenden Arbeitsbedingungen, die zu Überlastung, Vereinsamung, Verminderung der Lebensqualität und letztlich zur Abnahme der Leistungsfähigkeit der Mitarbeiter führen. Daraus folgt die These, dass die Unternehmen für das geistige und körperliche Wohlbefinden ihrer Mitarbeiter sorgen müssen. Die Gegenthese lautet, dass unternehmerischer Erfolg für die Mitarbeiter erhöhte Lebensqualität bedeutet. Ausgeglichenheit, Gesundheit und kultivierter Lebensstil sind Privatangelegenheiten, aus denen sich die Unternehmen heraushalten sollen.

Aus jeder der beiden zehnköpfigen Arbeitsgruppen werden drei Delegierte in das Streitgespräch entsandt, die dort ihre jeweilige These argumentativ überzeugend und rhetorisch geschickt vertreten sollen. Die anderen sind kommentierende Beobachter.

Verlauf und Ergebnisse des Seminars lassen sich folgendermaßen zusammenfassen: Zunächst wollen sich nicht alle Teilnehmer jeder Gruppe die ihnen zugeordnete These zu Eigen machen. Nach der neuerlichen Instruktion, die These auch dann zu vertreten, wenn sie nicht der persönlichen Meinung entspricht, fällt auf, dass Gegenargumente in den Hintergrund rücken und alle ihre Thesen mit guten Argumenten verteidigen.

In dem Streitgespräch der drei Vertreter jeder Gruppe werden deren Kommunikationsstile sichtbar: Die ausgleichend Verständnisvolle, der Moralische, der Forsche, der sachlich Kompetente, die Autorität. Videoaufzeichnungen machen den Einzelnen ihre Konfliktlösungsstrategien deutlich. Die Teilnehmer können ihre eigenen Rollen, die sie gewohnt sind zu übernehmen oder in die sie von anderen hineinmanövriert werden, unmittelbar durchschauen. In der konstruktiven Arbeitsatmosphäre gelingt es allen, mit einem positiven Eindruck das Seminar zu beenden. In der anonymen Evaluation werden folgende Punkte hervorgehoben:
- Sicherheit des Coaches, die sich auf die Arbeitsgruppe übertrug (Entlastung),
- respektvoller Umgang mit den einzelnen Teilnehmern (persönliche Verstärkung),
- Erwerb von Gesprächstechniken zur Konfliktlösung (aktive Problembewältigung),
- Eingehen auf aktuelle Probleme der einzelnen Teilnehmer (Kommunikation) sowie
- Gelassenheit und Humor bei der gemeinsamen Arbeit (Aktualisierung von Ressourcen).

Ein für alle Seminarteilnehmer positiver Verlauf gelingt aber nur dann, wenn der Coach in der Lage ist, die allgemeinen Prinzipien von Beratung umzusetzen, eine konzentrierte, respektvolle und faire Atmosphäre aufzubauen und während des gesamten Seminars durchzuhalten. Ein flüchtiges »Anreißen« von Reizthemen und die zweifelhafte Lust am kurzatmigen Effekt lehne ich ab. Aus meiner Sicht hat der Coach die Aufgabe, während des gesamten Seminars zu gewährleisten, dass jeder Teilnehmer die Veranstaltung als entlastend, persönlich verstärkend, problemlösend, kommunikativ und ressourcenaktualisierend erleben kann. Dies wirkt auf das Verhalten der Teilnehmer untereinander zurück. Der konzentrierte und respektvolle Umgang auch während schwieriger Seminarphasen stellt ein Modell dar, das die einzelnen Teilnehmer in ihren beruflichen Alltag mitnehmen können.

Einige Zeit später konsultieren mich einzelne Teilnehmer mit der Bitte um Einzelcoaching. Im Rahmen der ersten Gespräche erwähnen sie, dass sie von den positiven Veränderungen, die das Seminar gebracht hat, beeindruckt sind. Sie wollen jetzt Möglichkeiten suchen, persönlich mit Stress besser umzugehen und in Konfliktsituationen authentisch und gelassen zu bleiben. Schon nach wenigen Einzelgesprächen zeigen sich sehr individuelle Probleme. Ich erwähne beispielhaft vier Konfliktfelder:

– Rascher beruflicher Aufstieg, der zu Schwierigkeiten mit der Herkunft führt; Angst vor dem Neid der Zurückgebliebenen, aber auch Schuldgefühle, das angestammte Milieu verlassen zu haben.
– Überengagement, »Überall-dabei-sein-Müssen«, um nichts zu verpassen, beständiger Stress mit sich und anderen.
– Isolation und innere Vereinsamung durch konzentriertes Arbeiten und Erfolg.
– Älterwerden und Abgeben von Verantwortung. Bewältigung von Ängsten, auf dem Abstellgleis vergessen zu werden.

Diese Konflikte sind eingebettet in individuelle Lebenssituationen und -geschichten. Sie sind nur zu lösen, wenn man sich diesen Lebensumständen auch widmet. Alle Teilnehmer meines Seminars und meiner Einzelberatungen haben mehrere Kreativitätsworkshops hinter sich gebracht. Professionelle Beratung hilft ihnen neugierig und interessiert zu arbeiten, Enttäuschungen gelassen zu bewältigen und ihr Selbstvertrauen zu stabilisieren: »Gute Ideen kommen dann von selbst.« Meine Klienten formulieren damit eine Einsicht, die den Intelligenzforscher Howard Gardner zutiefst bewegt. Er sieht manchmal mit Schrecken, welch abenteuerliche Strategien aus seiner Theorie der multiplen Intelligenz abgeleitet werden. Dabei sind neugieriges Interesse und geduldige Arbeit sowie flexible und positiv verstärkende Rahmenbedingungen das Beste, um Intelligenz zu fördern. Ähnlich ist es auch mit der Kreativität.

Kreativitätstechniken

Trotz der Kritik an Kreativitätstechniken, die von Begabung, Persönlichkeit, individueller Motivation und sozialen Rahmenbedingungen absehen, existieren selbstverständlich brauchbare didaktische Mittel, um ins Stocken geratene Produktivität und Kreativität zu fördern. Diese seien nachfolgend kurz zusammengefasst.

Brainstorming

In Techniken wie dem Brainstorming wird auch scheinbar unsinnigen Gedanken, Ideen und Phantasien freier Lauf gelassen. Durch die Herstellung einer offenen und kritikfreien Atmosphäre können neue und originelle Ideen gefördert werden. Brainstorming wird üblicherweise in einer Gruppe von vier bis acht Teilnehmerinnen und Teilnehmern durchgeführt.

Das Problem wird definiert und die Teilnehmer äußern alles, was ihnen zu diesem Thema einfällt. Die Einfälle werden am besten auf einem Flip-Chart festgehalten. Während des Brainstormings gibt es keine Diskussion und Kritik. Die Ideen aller Teilnehmer sollen aufgenommen und weiterentwickelt werden. Nach einigen Minuten werden die gesammelten Einfälle ausgewertet und besprochen. Dabei werden Fragen beantwortet, zum Beispiel ob, wie und wann sich die Idee mit welchen Kosten umsetzen lässt. Das Brainstorming kann mittels einer Mindmap strukturiert und visualisiert werden. Es kann auch allein durchgeführt werden, wobei das Brainwriting – zu deutsch: das Anfertigen von Notizen – hilfreich ist.

Mindmapping

Die Verknüpfung von Gedanken und Vorstellungen zu neuen Kombinationen fördert neue Ideen, die anschließend in der produktiven Verarbeitung neue Lösungen sichtbar werden lassen. Das Mindmapping ist häufig hilfreich, um Ideen zu visualisieren, festzuhalten und weiterverfolgen zu können. Es kann individuell und in Arbeitsgruppen eingesetzt werden.

Diese Methode wurde in den 1970er Jahren von dem Engländer Tony Buzan entwickelt. Der Ausgangspunkt ist eine gezielte Verbesserung der Zusammenarbeit verschiedener Hirnareale und Lernprinzipien. Insbesondere geht es darum, das analytisch-logische Denken der linken Hirnhälfte (bei Rechtshändern) mit dem ganzheitlich-gestalthaften Denken der rechten Hirnhälfte zu verknüpfen, um bessere Resultate zu erzielen (Buzan u. Buzan 1993).

So wird beispielsweise auf einer Tafel ein Thema in die Mitte geschrieben, eingekreist, mit Farben und Zeichen versehen. Dadurch wird es dem Gedächtnis erleichtert, die Wörter als Bilder aufzunehmen und zu behalten. Vom Zentrum, dem Begriff oder Thema, werden Linien zu weiteren Assoziationen abgezweigt. Von diesen Hauptästen gehen Seitenäste ab, auf denen weitere Punkte notiert werden, die wiederum durch Farben oder Illustrationen hervorgehoben werden können.

Allerdings ist Mindmapping kein neues Wundermittel zu Förderung von Produktivität und Kreativität. Menschen haben schon immer ihre Erfahrungen visualisiert, und die wichtigste Form, unterschiedliche Hirnareale zu aktivieren und zu vernetzen, ist aus meiner Sicht das Lesen. Beim Lesen wird man zur Kreation einer Vielzahl innerer Bilder angeregt, ja beim Lesen eines Romans wird der Leser in der Regel zum Koautor. Ohne dieses kreative Mitgehen würden die Buchstaben und Worte bedeutungslose Hieroglyphen bleiben. Ohne eigene bildgebende Aktivität bleibt jeder Text flach und leer. Es findet hier immer ein intensiver Austausch zwischen dem logisch-diskursiven und dem bildhaft-gestaltenden Denken, zwischen der rechten und der linken Hirnhälfte statt.

Dennoch ist das Mindmapping eine Technik, die bei stockendem Gedankenfluss und in schwierigen Teamprozessen gezielt eingesetzt werden kann.

Bild- und Analogietechniken

Bild- und Analogietechniken werden von kleinen Kindern und beinahe jedem Menschen spontan angewandt, können und sollen aber auch gezielt gefördert werden. Sie beruhen darauf, dass Bilder und Analogien zu Gegenständen und Sachverhalten gesucht werden, die im ersten Moment vielleicht nicht zum Problem passen und dennoch eine Lösung beinhalten können.

Bei der gezielten Visualisierung macht man sich vom gewünschten Ergebnis in Gedanken ein positives Bild. Ganz konkret und mit möglichst vielen Details stellt man sich vor, wie das Ergebnis aussehen soll. Die Vorstellungskraft wird durch »Kopftheater« und Tagträume angeregt und positiviert.

Bildhafte Vergleiche, die jedem Menschen aus Fabeln, Märchen, Geschichten und Mythen vertraut sind, werden benutzt, um neue Aspekte und Lösungsmöglichkeiten zu entdecken.

Letztlich dienen solche beispielhaft erwähnten Methoden der Schulung intuitiven Handelns. Die Beachtung von Phantasien und »unpassenden Einfällen«, das Zulassen des inneren Dialogs mit sich selbst und bedeutenden Bezugspersonen, die Visualisierung von Personen und Arbeitssitzungen, all dies sind Techniken, die zu mehr Entspannung und Kreativität führen können.

Einzelne Methoden wie die von Alexander Osborne, der das Brainstorming entwickelt hat, versuchen diese Techniken zu systematisieren und auf verschiedene Arbeitsfelder anzuwenden. So schlägt Osborne beispielsweise vor, ein Problem unter folgenden Gesichtspunkten zu analysieren: Weist das Problem auf andere Ideen hin? Ist es etwas anderem ähnlich? Was lässt sich ändern? Welche Eigenschaften lassen sich umgestalten?

Lässt sich etwas vergrößern, hinzufügen, vervielfältigen? Lässt sich etwas verkleinern, wegnehmen, verkürzen? Was kann ersetzt werden? Welche Bedingungen können geändert werden? Kann die Reihenfolge oder Struktur geändert werden? Kann die Idee ins Gegenteil gekehrt werden? Kann der Ablauf umgekehrt werden? Können Ideen kombiniert oder verbunden werden?

Auch Edward de Bono geht davon aus, dass man ein Problem von verschiedenen Seiten her lösen kann. In seiner Sechs-Hut-

Methode stellt er direkt oder symbolisch sechs Hüte zur Verfügung. Jeder dieser Hüte steht für eine bestimmte Einschätzung oder Haltung. Die Teilnehmer einer Sitzung können nach Belieben einen dieser Hüte aufsetzen und damit eine bestimmte Position einnehmen. Der weiße Hut steht für Objektivität, Sachlichkeit und Neutralität. In dieser Position sammelt man Informationen, ohne sie zu bewerten. Es zählen nur Fakten und Zahlen, keine Emotionen. Die persönliche Meinung ist vollkommen unwichtig. Der rote Hut steht für das ganz persönliche Empfinden und die subjektive Meinung. Alle Gefühle, die positiven wie die negativen, werden zugelassen, sie können diffus sein und bedürfen keiner Rechtfertigung. Der schwarze Hut benennt alle sachlichen Argumente, die Zweifel, Bedenken und Risiken ausdrücken, aber keine negativen Gefühle. Der gelbe Hut nennt die objektiven positiven Eigenschaften, das heißt Chancen und Pluspunkte, Hoffnungen und Ziele, also alle Aspekte, die für die Entscheidung sprechen. Der grüne Hut führt hin zu neuen Ideen, er steht für Kreativität und Alternativen und ist ein Sinnbild dafür, über das Bisherige hinaus zu denken. Er lässt Provokation und Widerspruch zu und kann alles formulieren, was zu neuen Ideen führt, egal wie verrückt und undurchführbar sie sein mögen. Kritische Bemerkungen sind nicht erlaubt. Der blaue Hut steht für Kontrolle und Organisation, das heißt die Trägerin oder der Träger dieses Hutes blickt von einer höheren Ebene auf den Gesamtprozess, behält den Überblick und bringt die einzelnen Ergebnisse zusammen. Die Methode kann auch von einer Einzelperson angewendet werden, die die Hüte nacheinander aufsetzt und sich ihre Eindrücke dazu aufschreibt. In der Gruppe kann eine Person benannt werden, die die Aussagen protokolliert.

Die Kreativitätstechniken sind aber nur wirksam, wenn sie die individuelle Situation der Teilnehmer, ihre Begabungsschwerpunkte, Motivation und Persönlichkeit berücksichtigen. Der kreative Prozess ist viel zu verschlungen und individuell, um durch flüchtige Ratschläge und oberflächliche Motivationstrainings nachhaltig gefördert zu werden.

Zusammenfassend werden von Beratern und Coaches hohe Kompetenzen bei der Lösung folgender Aufgaben verlangt:

- Einschätzung individueller Begabungsprofile,
- Anregung von Neugier und Interesse,
- Verstärkung von Selbstvertrauen und Frustrationstoleranz,
- Entwicklung von Kooperationsfähigkeit und
- Realisierung kreativitätsfördernder Rahmenbedingungen.

Kreativität im Alltag

Ist es nicht ein Widerspruch in sich selbst, von Kreativität im Alltag zu sprechen? Das Kreative wird doch als das Neuartige und Besondere üblicherweise dem Alltäglichen gegenübergestellt. Ich bin dagegen aufgrund meiner persönlichen und Beratungserfahrungen davon überzeugt, dass die Vernachlässigung kreativer Alltagsgestaltung zu einer Verkümmerung sämtlicher Lebensbereiche führt. Das Alltagsleben gewinnt an Struktur und Kohärenz, wenn man dessen ästhetische und kreative Aspekte wahrnimmt. Der Sonnenaufgang, der Duft des Kaffees, die Wärme einer Stimme und das Wohlgefühl unter der Dusche sind nicht nur Nebensächlichkeiten: Sie öffnen die Sinne für die persönliche Umwelt. Ich würde so weit gehen, in der alltäglichen Kreativität ein humanisierendes Element und einen moralischen Wert zu sehen. Die größten Schandtaten werden im Dienst von Ideen und Ideologien verübt, die die »kleinen Gefühle« ignorieren. Demgegenüber ist der Respekt für Empfindungen wie Freude und Schmerz und für Erlebnisse wie Schönheit und Leid ein Schutz gegen die Missachtung des einzelnen Menschen.

Jede auch noch so alltägliche Beschäftigung verfügt über eine ästhetische Dimension. Essen und Trinken, Körperpflege und sportliche Bewegung, Wohnkultur und Arbeitsgestaltung verdienen es, als kreative Aufgaben ernst genommen zu werden. In Museen bewundert man frühgeschichtliche Trinkgefäße, Körperbemalungen und primitive Höhlenzeichnungen, im Fernsehen erfreut man sich an den Bewegungen von Sportlern und widmet sich mitfühlend der Selbstdarstellung der Stars, doch in der eigenen Realität wird das Leben als Gestaltungsaufgabe nicht angenommen. Ohne eigene kreative Anstrengung bleibt das Leben aber farb- und bedeutungslos.

Sollte man es wirklich nur besonderen Menschen zubilligen, in ständiger kreativer Entwicklung ihrem Leben Sinn und Struktur zu verleihen? Es gibt viele gute Gründe, auch die alltägliche Lebensgestaltung als kreative Aufgabe anzunehmen. Denken wir an eine gelungene Partnerschaft. Sie wird nach der ersten Verliebtheit immer eine Aufgabe zur Gestaltung des aufeinander bezogenen Lebens sein. Wer dies bejaht, hat eine Chance zu einer glücklichen gemeinsamen Entwicklung. Oder denken wir an den einfühlsamen und dennoch Grenzen setzenden Umgang der Eltern mit ihren Kindern. Hier gibt es keine ehernen Gesetze des richtigen Verhaltens. Es wird immer eine feine, ständig sich erneuernde Einstimmung notwendig sein, ein kreatives Miteinander-Leben. Das Gleiche gilt für Freundschaften und die Erfüllung der alltäglichen beruflichen Pflichten. Wenn diese Bereiche nicht als sinnvolle Gestaltungsaufgaben wahrgenommen werden können, macht sich Unzufriedenheit breit. Der Alltag ist immer bedroht von Langeweile, Stumpfsinn und sinnloser Hektik. Diesen Verkleidungen der existenziellen »Gravitation zum Chaos« muss sich jeder Mensch kreativ entgegenstellen.

In dieser Hinsicht ist jede Selbstverwirklichung eine kreative Aufgabe. Sie kann jedoch auch als Fetischisierung des Ich missbraucht werden. In vielen Kreisen der europäischen und amerikanischen Gegenwartskultur, in denen religiöse, kulturelle und politische Ziele ihre verpflichtende Kraft für die Individuen verloren haben, suchen Menschen krampfhaft den Sinn des eigenen Lebens in der Selbstverwirklichung. Die Sehnsucht nach Selbstverwirklichung kann zu rastlos verzweifelter Selbstbezüglichkeit führen.

In dieser Situation ist der lebendige Kontakt zu Mitmenschen ein wesentliches Korrektiv. Der Einzelne findet am besten zu sich selbst in der Beziehung zum anderen Menschen. Dies ist auch im größeren sozialen Zusammenleben von Bedeutung: Verantwortungsbewusstsein entsteht nur durch eine Kultur der kritischen Selbstreflexion. Soziale Selbstverwirklichung kann man als eine kreative Aufgabe ansehen, in der der Einzelne seine Individualität im sozialen Austausch aktiv entwickelt. Ich möchte dies im Folgenden anhand von Erziehung, Partnerschaft und kreativem Altern veranschaulichen.

Erziehung und Ausbildung

Hartmut von Hentig (2000) meint, dass Kreativität ein notwendiges Korrektiv in einer Gesellschaft sei, die dazu neigt, alles durchzurationalisieren und spontane Lebensäußerungen zu unterdrücken. Pädagogische Kreativitätsförderung sei eine der größten Herausforderungen moderner Gesellschaften. Dabei wird oft ein humanistisches Bildungsideal hochgehalten, während Ökonomie und Technologie abgewertet werden. Der große Pädagoge Theodor Litt (1957) möchte demgegenüber den schädlichen Dualismus von kreativer Tätigkeit und Nützlichkeitsstreben, von allgemeiner Bildung und beruflicher Ausbildung aufheben. Diese Trennungen hätten einerseits zur Missachtung der Berufs- und Arbeitswelt wie auch der Politik und andererseits zu einer lebensfernen Bildung geführt.

Dementsprechend wird der kreativen Selbstbestimmung der Menschen dadurch entsprochen, dass sie in der Erziehung sowohl individuelle Spielräume zu ihrer persönlichen Entfaltung finden als auch gezielt auf berufliche Aufgaben und gesellschaftliche Funktionen vorbereitet werden. Nützlichkeit und Brauchbarkeit sind dabei wesentliche Momente der Selbstbestimmung. Kreativitätsförderung sollte sich nicht auf eine pädagogische Insel begeben und die gesellschaftlichen und wirtschaftlichen Verhältnisse anderen überlassen. Ein zu individualistischer Kreativitätsbegriff, der schöpferische Tätigkeit in Gegensatz zu den Pflichten in der Gemeinschaft bringt und die moderne Spaltung von kreativer Individualität und einschränkender Gesellschaft zementiert, ist in sich selbst kreativitätsfeindlich.

Im Folgenden werden einige Hinweise dazu gegeben, wie Kreativität in Schule, Hochschule und Beruf gefördert werden kann. Dabei ist immer wieder daran zu erinnern, dass Kreativität eine permanente Aufgabe und kein spaßiges Event ist: Gute oder gar herausragende Leistungen werden nur durch zielgerichtete Neugier, leidenschaftliches Interesse und beharrliche Arbeit ermöglicht.

Für die Entfaltung kreativer Potenziale ist es notwendig, altersentsprechende Spielräume zur Verfügung zu stellen. Dies beginnt mit den guten Bindungen an liebevolle, einfühlsame und interessierte Mütter. Weiterhin sind gleichermaßen zugewandte wie verlässliche Väter, verständnisvolle Betreuer und qualifizierte Lehrer wesentliche Voraussetzungen für kreative Entwicklungen. Auf dem Boden verlässlicher Bindungen und verständnisvoller Begleitung kommt allerdings keine kreativitätsfördernde Erziehung ohne qualifizierte Forderungen und Konfrontation mit Widerständen aus.

In der frühen Kindheit, in Schule, Akademie, Universität und Berufsleben geht wahre Kreativität mit persönlichen Zerreißproben einher, die respektiert werden müssen. Eltern, Lehrer und Professoren sollten die Vielschichtigkeit kreativer Konflikte kennen, um effektive Hilfestellung bei der Entdeckung des kreativen Potenzials und Unterstützung bei der kreativen Arbeit geben zu können. In der Kindheit ist die Breite des Angebots von entscheidender Bedeutung. Entsprechend der individuellen Ausprägung von sprachlicher, logisch-mathematischer, körperlich-kinästhetischer, räumlicher sowie inter- und intrapersonaler Intelligenz müssen Möglichkeiten geschaffen werden, um die Talente rechtzeitig zu fördern. Dabei ist das Gleichgewicht von begabungsspezifischem und fachlich detailliertem wie auch ganzheitlichem Lernen zu beachten. Wesentlich ist, dass die Lernenden den Sinn ihres Lernens und den Wert ihrer Handlungen erfahren und Urteilsfähigkeit und Entscheidungsfreude entwickeln.

Schulische Kreativitätsförderung muss die Komplexität der Kreativität beachten. Hierzu gehört der Respekt vor den persönlichen Entwicklungsbedingungen des Einzelnen. Die spielerische Entfaltung der kreativen Begabung ist in Schule und Hochschule von großer Bedeutung. Die Kardinaltugenden der kreativen Arbeit, die ich unter dem Akronym FASZINATION zusammengefasst habe, könnten als Richtschnur dienen. Sie stellen an die Schülerinnen und Schüler, Studentinnen und Studenten, die in ihrer Kreativität gefördert werden wollen, hohe Ansprüche.

In kreativen Lehr- und Lernprozessen müssen vielfältige Balancen hergestellt und stabilisiert werden:
– Gleichgewicht zwischen einsamer Versenkung und sozialer Aktivität,
– Wechselbeziehung von kreativer Illumination und produktiver Realisierung,

- Balance zwischen sachbezogener Anpassung und originellem Nonkonformismus und
- Balance von kreativer Unsicherheit und stabilisierendem Selbstvertrauen.

Partnerschaft und Sexualität als kreative Aufgaben

In einer Zeit, in der viele Partnerschaften scheitern, ist eine Betrachtung der Ursachen von destruktiven Auseinandersetzungen und ungewollten Trennungen von großer Bedeutung. Einer der Gründe des Scheiterns liegt in dem Umstand verborgen, dass Paare das gemeinsame Leben nicht als kreative Aufgabe annehmen und gestalten können. Zuneigung und Leidenschaft erlöschen, wenn die kreative Entwicklung der Partner scheitert.

Liebende haben nicht einfach die Richtige oder den Richtigen gefunden. Spätestens nach der ersten Verliebtheit beginnen sie, ihre Beziehung – oft unbewusst – zu gestalten. Die Partner finden nicht das Glück, sondern erschaffen es täglich aufs Neue. Dies verleiht Liebesbeziehungen Reiz und Spannung, setzt sie jedoch auch belastenden Zerreißproben aus. Diese Proben sind niemals ein für alle Mal bestanden. Gerade glückliche Paare stellen sich immer wieder der Aufgabe, ihre Beziehung weiterzuentwickeln. In einem nie abgeschlossenen kreativen Prozess lernen Liebende in der Beziehung zum Anderen diesen selbst, aber auch das ganz Andere und Fremde in ihrem Partner kennen. In diesem Prozess entdecken sie auch Potenziale ihrer selbst, die ihnen sonst verborgen geblieben wären. Dieses Kennen-Lernen bedarf einer kontinuierlichen Achtsamkeit. Es geht weit über das intellektuelle Verständnis des Anderen hinaus. Starre Festlegungen, wie der Partner ist oder sein sollte, auch wenn sie noch so vernünftig erscheinen, nehmen die Chance zu gemeinsamer Entwicklung. Das biblische »Du sollst dir kein Bild machen« sollte auch zur Vorsicht in Partnerschaften gemahnen. Freude an den »unverständlichen« Seiten des Partners kann ein wesentliches Lebenselixier in einer Liebesbeziehung sein.

Die kreative Koevolution, um den Begriff von Jürg Willi (1985) zu gebrauchen, wird häufig durch die psychologischen Grundbedürfnisse nach Bindung, Stabilität und Sicherheit erschwert. Kreative Entwicklung des Gefühls- und Phantasielebens kann oft als verunsichernd und manchmal als gefährlich erlebt werden. Andererseits ist es für viele Paare beglückend, wenn sie immer wieder neue Aspekte ihres Gefühls- und Phantasielebens erkunden. Was sich aber in der phantasievollen Entwicklung der Partner tatsächlich ereignet, bleibt oft unbekannt. Goethe sagt dazu in dem Gedicht »An den Mond«:

> Selig, wer sich vor der Welt
> Ohne Haß verschließt,
> Einen Freund am Busen hält
> Und mit dem genießt,
>
> Was von Menschen nicht gewußt
> Oder nicht bedacht
> Durch das Labyrinth der Brust
> Wandelt in der Nacht.

Der Respekt für das Unbewusste und Traumhafte einer Liebesbeziehung enthält die Chance, den Anderen immer wieder neu zu entdecken. Gleichzeitig ist in der Irrationalität des Liebenden die Möglichkeit verborgen, sich selbst immer wieder neu zu finden. Das ist in der Erotik und Sexualität von besonderer Bedeutung. Der Kreativität von Liebespaaren bietet sich hier ein besonderer Schauplatz. Es kann eine schicksalhafte Erfahrung darstellen, wenn beide Partner ihre vorher nicht einmal geahnten sexuellen Möglichkeiten realisieren. In der sexuellen Liebe kommen die Partner unbewusst mit eigenen Phantasien und denen ihrer Geliebten in Berührung, die überraschen, aber auch beunruhigen können. Ein tiefes Gefühl von Vertrauen und Sicherheit stellt sich dann ein, wenn beide Partner sowohl respektvoll als auch leidenschaftlich intime Gefühle und Phantasien des Anderen annehmen können. Dies ist ein Lebenselixier der erotischen Liebe. Häufig ziehen sich Paare vor dieser kreativen Entwicklung zurück, weil sie ihren Wunsch nach Harmonie und Sicherheit stören könnte. Der Preis für eine Traulichkeit, die durch einen Rückzug von geheimen Wünschen und

Phantasien bedingt ist, ist jedoch hoch. Er besteht in Misstrauen, Eifersucht und Neid. Diese Gefühle und Stimmungen untergraben jede Beziehung. Eine Partnerschaft, die von der Festgelegtheit und Kontrolliertheit des Partners lebt, führt in eine Sackgasse. Glücklich ist ein Paar dann, wenn es gelingt, die Gefühle und Phantasien gegenseitig als kreatives Spiel zu akzeptieren, zu schätzen und zu genießen. In dieser Hinsicht gehört zu jeder gelungenen Beziehung ein künstlerisches Moment.

Für eine gelungene Paarbeziehung ist die Akzeptanz der Vergangenheit und der »inneren Kinder« des Partners von großer Bedeutung. Die Vorstellung vom »inneren Kind« besagt, dass frühere Phasen unserer Entwicklung niemals abgeschlossen sind. Der Säugling, das Kind, der Jugendliche, die wir einmal gewesen sind, bleiben zeitlebens unsere Begleiter. Aus den alten Schichten unserer Persönlichkeit entstammt ein großer Teil unserer Kreativität. Der Säugling ist nicht nur hilflos, sondern erfüllt von einer unbändigen Lebensenergie; das Kind ist nicht nur unkundig, sondern von einer unermüdlichen Spielfreude; der Adoleszente in uns ist nicht nur chaotisch, sondern auch originell und eigenwillig. Der Erwachsene kann mit seiner Erfahrung, seinem Weitblick und seiner Vernunft den genannten »anachronistischen« Aspekten seiner Persönlichkeit einen Rahmen zur Verfügung stellen, in dem diese ihre Kreativität entfalten können. Ein wesentlicher Aspekt von »Beziehungskunst« besteht darin, diese anachronistischen und kreativen Seiten im Partner zu akzeptieren und Freude an ihrer Entwicklung zu empfinden.

Kreatives Altern

In der Jugend weisen der Blick und das Streben in die Zukunft. Der Einjährige will laufen lernen, die Dreijährige möchte später einmal wie ihre Mama ein Baby bekommen, der Fünfjährige so groß wie sein Vater sein. Als 10- bis 13-Jährige beginnen sich die Kinder abzulösen, sie haben andere Idole und Ideale. Die 20-Jährigen denken an die Zukunft ihrer Partnerschaften und an ihre berufliche Laufbahn: Die Interessen weisen immer noch in die Zukunft. In der durch Familie und Beruf verdichteten mittleren Lebenszeit bleibt oft wenig Zeit für kreative Reflexion, bis sich unvermittelt die Einsicht einstellt, dass man nicht mehr wächst. Der Zukunftshorizont wird begrenzter, man spürt, wie man körperlich schwächer wird, und auch die psychischen Ressourcen sind leichter erschöpft. Das Bewusstsein des Älterwerdens hat begonnen. 40- und 50-Jährige erschienen dem Jugendlichen einstmals schon alt, 60-Jährige waren Großeltern, 70- und 80-Jährige waren Greise. Und auf einmal befindet man sich selbst in diesem Alter.

In diesen Zeiten ist es von großer Bedeutung, die Chancen des Älterwerdens zu ergreifen. Das gelingt, wenn es als kreative Aufgabe angenommen wird. Dann kann die Abgeklärtheit des Alters zu echter Lebensfreude werden, die Jüngere, die in die Hektik der alltäglichen Mühen verstrickt sind, nicht genießen können. Die Vorteile des Älterwerdens sind vielfältig und gruppieren sich – im Idealfall – um folgende Grundbefindlichkeiten:
– individuelle Sicherheit,
– soziale Souveränität und
– existenzielle Gelassenheit.

Der Philosoph Hans Georg Gadamer empfing zu seinem 100. Geburtstag alte Freunde als Gäste. Während des gesamten Tages herrschte ein Kommen und Gehen, man trank Wein, aß kleine Häppchen und sprach über Gott und die Welt. In den Jahren zuvor war Gadamer fast täglich umringt von seinen Schülern und Studenten. Er liebte es, in kleinen Weinstuben der Heidelberger Altstadt die Abende zu verbringen, und zeigte sich verwundert, wenn die Jüngeren um elf auf die Uhr sahen, weil am nächsten Morgen alltägliche Geschäfte auf sie warteten. Neben der Zeit, die Gadamer zur Verfügung stand, war die Tiefe seiner Empfindung immer wieder eindrucksvoll. Sein langes Leben ermöglichte ihm einen Reichtum an kulturellem Erleben, der Jüngeren nicht möglich ist. Vieles versteht man nicht, ja bemerkt es nicht einmal ohne Bildung, und die braucht oft eine lange Lebenszeit. Manche Voraussetzungen der Kreativität, wie die genannte persönliche Sicherheit, soziale Souveränität und existenzielle Gelassenheit, sind im Alter leichter zu haben.

Dies erklärt, warum manche Großeltern besser mit ihren Enkeln umgehen können als damals mit ihren Kindern. Sie können sich der Freude an den Nachkommen spielerischer überlassen. Dies gelingt aber nur, wenn sie ihr Alter kreativ gestalten. Ansonsten werden sie leicht, wie leider auch die Alltagserfahrung zeigt, von Neid und Missgunst verdorben. Auch die Freude an den kleinen Dingen des Alltags ist dem Älteren häufig leichter. Wenn er die kreative Herausforderung angenommen hat, kann er das Geschenk jeden Tages wahrnehmen.

Allerdings ist das Alter auch gefährdet – nicht nur durch körperliche Krankheit, sondern auch durch intellektuelle und emotionale Abstumpfung. Deswegen ist es so wichtig, sich an kreativen Persönlichkeiten aus Politik, Wirtschaft, Wissenschaft und Kultur zu orientieren, seien es Kofi Annan, Alan Greenspan, Hans Georg Gadamer oder Charlie Chaplin.

Es gibt unzählige Beispiele dafür, wie sich Kreativität in der *Politik* im höheren Alter entfaltet, wie es Politikern gelingt, sich vom kurzatmigen Handeln zu befreien und große Linien zu erkennen. Als Jimmy Carter sich mit 56 Jahren aus dem Präsidentenamt zurückzog, hielten ihn viele für nicht besonders erfolgreich. Man schenkte ihm zum Abschied einen Handwerkskoffer und entließ ihn in seine kleine Heimatstadt. In kleinen Schritten begann Carter Häuser zu renovieren und dehnte diese Aktivitäten auf notleidende Gebiete Afrikas aus. Er wurde schrittweise zu einem internationalen Vermittler in kriegerischen Auseinandersetzungen, der sich durch Sicherheit, Kompetenz und Gelassenheit auszeichnete. Sein kreatives Engagement fand schließlich die überraschende Auszeichnung durch den Nobelpreis.

Im *Wirtschaftsleben* findet man häufig Aufsichtsräte, die dem Ideal der Weisen im platonischen Staat entsprechen. Sie sind in der Lage, globale Zusammenhänge zu überblicken und auf Herausforderungen mit neuen Lösungen zu reagieren. Auch hier sind die Tugenden Sicherheit, Kompetenz und Gelassenheit von großer Bedeutung. Dies sollte nicht mit Behäbigkeit verwechselt werden. Hans-Olaf Henkel beschreibt in seinem Buch »Die Macht der Freiheit« (2000), wie wichtig Flexibilität und Veränderungsbereitschaft in der Wirtschaft sind.

Während im Bereich der *Wissenschaft* mathematische Höchstleistungen in der Regel zwischen dem 20. und 30. und naturwissenschaftliche bis zum 40. Lebensjahr vollbracht werden, finden sich Höchstleistungen in den Geistes- und Kulturwissenschaften regelmäßig auch in höherem Alter. Dies hat sicherlich damit zu tun, dass sie auf einem breiteren kulturellen Fundament aufbauen. So wurde das Hauptwerk von Hans Georg Gadamer in seinem 60. Lebensjahr publiziert. Viele seiner Schüler sind der Meinung, dass die an »Wahrheit und Methode« in den nächsten dreißig Jahren anschließenden Arbeiten die besten seines gesamten Schaffens sind.

Auch in der *Kunst* existieren unzählige Beispiele für kreatives Altern. Goethe war bis unmittelbar vor seinem Tod schöpferisch tätig. Sein lebensbegleitender Faust hielt ihn bis in sein 83. Lebensjahr in Atem. Den Reichtum des Älterwerdens am Ende des Lebenszyklus fängt er mit der letzten Strophe seines Gedichts »Um Mitternacht« ein: »bis dann zuletzt des vollen Mondes Helle// so klar und deutlich mit ins Finstre drang,// auch der Gedanke willig, sinnig, schnelle// sich ums Vergangne wie ums Künftige schlang ...«

Lebenskunst und Kreativität

Um das Verständnis der Kreativität weiter zu vertiefen, möchte ich auf das Verhältnis von Kreativität und Lebenskunst eingehen. Seneca fasste in seiner Schrift »Über die Kürze des Lebens« das Wissen der Kulturvölker zusammen, indem er schrieb, dass das Glück des Lebens nicht gegeben, sondern aufgegeben ist. Aus christlicher Sicht wird man eher zweifeln, ob irdisches Glück tatsächlich ein natürlicher Zweck des Menschen ist, wie auch Immanuel Kant meinte. Friedrich Nietzsche kritisierte, dass das beständige Glücksstreben eine »garstige Prätention« sei. Jenseits solcher theoretischer Gegenüberstellungen existiert aber ein allgemein menschliches Bedürfnis nach dem »richtigen« und dem gelungenen Leben. Das ist nicht nur ein philosophisches Problem, sondern eine praktische Anforderung: Wir müssen unser Leben führen, es gestalten. In dieser Hinsicht ist Kreativität Bestandteil der Lebenskunst, der ars vivendi. Diese Lebenskunst beruht auf einer aktiven Gestaltung der inneren und äußeren Welt. Sie geschieht in einem kontinuierlichen inneren Monolog mit den eigenen Emotionen und Phantasien und den Antworten der Anderen auf diese Gefühle, Gedanken und Handlungen. Wie der kreative Austausch von Person und Umwelt als Bestandteil der Lebenskunst gelingen kann, hat die praktische Philosophie von Hans Georg Gadamer verdeutlicht.

Gadamer (1960) geht davon aus, dass Kommunikation und Verständnis für Andere natürliche Fähigkeiten der Menschen darstellen. Dennoch geschieht dies nicht »von selbst«, sondern muss der alltäglichen Trägheit als einer Spielart von Destruktivität beständig abgerungen werden. Wirkliches Verstehen und gelungene Kommunikation, als zentrale Bestandteile der Lebenskunst, sind kreative Selbstaktualisierungen.

Alle Menschen sind in historische und soziale Entwicklungen eingebunden, die ihr Fühlen, Denken und Handeln beeinflussen.

Die Kommunikation mit anderen Menschen und das Erleben ihrer Andersartigkeit sind entscheidende kreative Prinzipien. Selbst die kreative Beziehung von Mutter und Kind steht in einem beständigen Wechselspiel von Nähe und Distanz, Vertrautheit und Fremdheit. Während des gesamten Lebens befinden sich Individuen in einem von Stimmungen und Empfindungen getragenen »Gespräch« mit ihren Eltern, Geschwistern, Liebespartnern, Konkurrenten und vielen anderen. Es hat für ihre Kreativität und ihr Selbstgefühl schädliche Folgen, wenn sie versuchen, sich gegen dieses Gespräch zu wehren. Die Versuchung, dies zu tun, ist groß, weil manche vergangene und aktuelle Erlebnisse bedrückend, ängstigend und beschämend sind. Die Verdrängung wesentlicher Erinnerungen und Erfahrungen führt aber unweigerlich zu Einbußen der Kreativität, weil der seelische Reichtum, aus dem sich kreative Tätigkeiten speisen, eingeschränkt wird. Wenn wir unsere Erlebnisse und Phantasien nicht kreativ gestalten, verlieren wir auch wichtige Orientierungsmöglichkeiten in unserer Umwelt. Denn erst im Gestalten von Ereignissen kommen wir zu einer kohärenten Erfahrung unserer Wirklichkeit.

Die große Bedeutung der Gestaltung von Ereignissen, die erst durch die Symbolisierung zu strukturierten psychischen Erlebnissen werden, haben zum Beispiel die großen Romanciers des 20. Jahrhunderts vor Augen geführt. Marcel Proust zeichnet in seiner »Suche nach der verlorenen Zeit« die Vergangenheit nicht einfach nach, sondern kann sie erst durch die sprachlich formulierte Erinnerung als seine eigene erleben. James Joyce findet durch die literarische Ausarbeitung seines »Ulysses« ein kohärentes Identitätsgefühl, und Thomas Mann vergewissert sich seiner eigenen Existenz – ins Mythische und Weltgeschichtliche gewendet – im Josephs-Roman. Das sind – wie die meisten Kunstwerke – Beispiele dafür, wie unerlässlich die Gestaltung von Erfahrungen für die Lebensführung ist.

Aber auch in der alltäglichen Lebenskunst sind Erinnerungen, Vorstellungen und Gespräche Begleiter, die das quasi biologische Bedürfnis nach Kohärenz erfüllen. Das Kohärenzgefühl ist eines der wesentlichen Gefühle menschlicher Identität. Der in Politik, Wirtschaft und Wissenschaft einflussreiche nordamerikanische

Philosoph Richard Rorty (2001, S. 15) formuliert dies folgendermaßen:

»Wir Pragmatiker glauben, dass die Menschen nicht aus Wahrheitsliebe nach Kohärenz ihrer Meinungen streben, sondern dass sie gar nicht anders können. Unser Geist kann genauso wenig Inkohärenz ertragen wie unser Gehirn eine neurochemische Imbalance, oder was immer das physiologische Korrelat von Inkohärenz ist ... Unser Geist ist gezwungen unsere Überzeugungen und Begierden in einem vernünftigen und verständlichen Ganzen zu verankern.«

In dieser Hinsicht ermöglichen alle menschlichen Schöpfungen kohärentes Erleben. Dabei sind die Darstellungen in Bildern, Worten und anderen Ausdrucksformen »nicht bloße nachfolgende Illustrationen, sondern lassen das, was sie darstellen, damit erst ganz sein, was es ist« (Gadamer 1960, S. 148).

Gadamer schätzt die Kunst als entscheidendes Medium ein, in dem Kohärenz und Wirklichkeit erlebt werden können. Es gibt aber gute Gründe anzunehmen, dass auch die schlichteren Aktivitäten des Alltagsmenschen ein kohärentes Erleben der Wirklichkeit ermöglichen. Oft wird vergessen, dass die Empfindungen, Eindrücke und sinnlichen Wahrnehmungen des Alltags ästhetische Erfahrungen darstellen. Diese Erlebnisse sind unerlässliche Begleiter während des gesamten Lebens:

»Das ästhetische Erlebnis ist nicht nur eine Art von Erlebnis neben anderen, sondern repräsentiert die Wesensart von Erlebnis überhaupt« (Gadamer 1960, S. 75).

Ich will dies etwas eingehender erklären: Der ursprüngliche griechische Begriff *aisthesis* bedeutet: Lehre von den Sinneswahrnehmungen, Vorstellungen und Empfindungen. Im neuzeitlichen Denken war eine Einengung des Ästhetikbegriffs auf das Geschmackliche und Künstlerische lange dominierend. Demgegenüber betont der Literaturwissenschaftler Hans Robert Jauß (1982), dass die drei ästhetischen Grundfunktionen – Poiesis, Aisthesis und Katharsis – die Grundlage einer sinnvollen Erfahrung von Wirklichkeit überhaupt darstellen.

Die produktive Seite der ästhetischen Erfahrung wird *Poiesis*, das Hervorbringen bedeutet, genannt. Goethes »Und wenn der

Mensch in seiner Qual verstummt, gab mir ein Gott zu sagen, was ich leide« führt nicht nur zur Entlastung von schmerzlichen Erfahrungen. Vielmehr werden leidvolle Ereignisse in einen größeren Erfahrungszusammenhang eingefügt. Damit ermöglicht Poiesis ein strukturiertes Erleben der Wirklichkeit und trägt dem Bedürfnis Rechnung, die eigene Welt – trotz all ihrer Brüche – als kohärent zu erleben.

Die rezeptive Seite der ästhetischen Erfahrung wird durch den Begriff *Aisthesis* verdeutlicht. Aisthesis bedeutet, dass auch die Wahrnehmung über ein kreatives Moment verfügt. Nicht nur das Hervorbringen ist kreativ, sondern auch das Hören, Sehen und Fühlen. Der Kunstgenuss ist nicht nur Ausdruck des interesselosen Wohlgefallens, wie Kant meinte, sondern wesentlicher Bestandteil der Lebensgestaltung.

Das dritte Moment der ästhetischen Erfahrung, die *Katharsis,* wird im Anschluss an Aristoteles traditionell als emotionale Abfuhr aufgefasst: Der Zuschauer wird vom Dargestellten selbst affiziert und identifiziert sich mit den handelnden Personen. Er kann seinen so erregten eigenen Leidenschaften freien Lauf lassen. Mit der kathartischen Entladung kann er sich auf lustvolle Weise erleichtert fühlen, als sei ihm eine Heilung zuteil geworden. In dieser Hinsicht wird Katharsis als Reinigung von unguten Seelenregungen aufgefasst. Sie erfüllt darüber hinaus eine soziale Funktion. Griechische Tragödien und moderne Filme fesseln durch kathartische Erregung nicht nur Individuen, sondern erzeugen kollektive Gefühle, Phantasien und Werte. Sie schaffen durch kathartische Kommunikation im Guten wie im Schlechten eine gemeinschaftliche Kultur.

Ich habe versucht zu zeigen, dass poetisches Hervorbringen, ästhetische Wahrnehmung und kathartische Kommunikation in der Kunst wie im alltäglichen Leben nicht nur der Unterhaltung dienen, sondern auch lebenswichtige Erkenntnisse ermöglichen. Im Gegensatz zur Wissenschaft gibt es jedoch in der ästhetischen Erfahrung der Wirklichkeit keine Eindeutigkeit. Menschen sind im sinnlichen Erleben immer mit Relativität und Flüchtigkeit konfrontiert. Technisch und naturwissenschaftlich Denkende halten deswegen ästhetische Wahrnehmungen für subjektiv und finden in ihnen keine objektiven Wahrheiten. Doch es ist das Leben selbst, in dem wir einerseits flüchtig und vergänglich und andererseits kontinuierlich sind. Dies ist ein grundlegender Widerspruch der Existenz mit sich selbst, den man nicht verleugnen, sondern als Anstoß für persönliche Kreativität nutzen sollte.

Die Offenheit für sinnlich-ästhetische Erfahrungen dient nicht nur dem Kohärenzerleben und Erkenntnisgewinn, sondern erfüllt auch eine moralische Funktion. Seit der Blüte der Philosophie im alten Griechenland wurde allerdings der Ästhetik ihre moralische Bedeutung streitig gemacht. Platon sah in der sinnlichen Erfahrung und in der Kunst besondere Möglichkeiten zur Täuschung. Er sprach nur den von Gefühlen und Anschauungen gereinigten Ideen einen höheren Wahrheitsgehalt zu. In den folgenden Jahrhunderten traten immer wieder Denker auf, die sich diesem Standpunkt anschlossen, und andere, die in der Loslösung von der unmittelbaren sinnlichen Erfahrung monströse Gefahren ahnten. Max Horkheimer und Theodor W. Adorno zeigten in der »Dialektik der Aufklärung« (1944), dass Wissenschaften und Technologien, die von alltäglichen ästhetischen Empfindungen und Erfahrungen abstrahieren, totalitäre kulturelle und politische Entwicklungen begünstigen. Demgegenüber könnte eine ästhetische Sensibilität und Lebenskunst vor fundamentalistischem Denken schützen.

Das kindliche Spiel: Grundlage und Modell der Kreativität

Der einflussreiche englische Kinderarzt und Psychoanalytiker Donald W. Winnicott ging von der alltäglichen Beobachtung aus, dass ein oft ganz unscheinbares Spielzeug, ein weicher Lappen, ein Bettzipfel oder ein Teddybär, für kleine Kinder einen unschätzbaren Wert besitzt. Diese Gegenstände werden von Kindern kreativ zu ihrem Eigentum gemacht und erhalten eine unverwechselbare Bedeutung. In ihrer ganzen Tragweite wird die Wichtigkeit dieser Gegenstände häufig erst bewusst, wenn der bevorzugte Schnuller, die geliebte Puppe oder der Teddybär unauffindbar ist. Die Kinder sind dann untröstlich und haben etwas nicht zu Ersetzendes verloren.

Durch die moderne Entwicklungspsychologie werden Winnicotts Beobachtungen bestätigt, dass fast alle Kinder die Fähigkeit besitzen, ein totes Objekt mit Leben zu füllen, sie verfügen über eine primäre Kreativität. Das Kind spielt mit allem, dem Bettzipfel, seinen Lauten, mit dem Mond, in dem es ein Gesicht sieht. Das Spielen der Kinder setzt sich im Erwachsenenleben fort: Wissenschaft, Kunst und Religion entwickeln sich aus der spielerischen Selbstverständigung des Kindes in seiner Umwelt. Die Quintessenz der psychoanalytischen Erkenntnisse ist, dass ein geradezu biologisches Bedürfnis nach Kreativität existiert:

»Die Akzeptierung der Realität ist als Aufgabe nie ganz abgeschlossen, und kein Mensch ist frei von dem Druck, innere und äußere Realität in Beziehung zu setzen ... Die Befreiung von diesem Druck ist nur möglich durch einen intermediären Erfahrungsbereich (Imagination, Kunst, Religion und schöpferische wissenschaftliche Arbeit) ... Dieser intermediäre Bereich entwickelt sich direkt aus dem Spielbereich kleiner Kinder, die in ihr Spiel ›verloren‹ sind« (Winnicott 1971, S. 25).

Somit steht das kindliche Spiel nicht im Gegensatz zur Realität, sondern stellt einen unverzichtbaren Bestandteil ihrer Bewältigung dar. Kreatives Spielen mit Ideen, Bildern und musikalischen Eindrücken verleiht chaotischen menschlichen Emotionen Struktur und Kohärenz. Gadamer resümiert 2000 Jahre philosophischen Denkens, wenn er das »spielende Verhalten« als eine Grundlage gelungenen Verstehens und letztlich gelungener Lebensführung ansieht. Spielen erfüllt eine sinnstiftende und heilsame Funktion:

»Im spielenden Verhalten sind alle Zweckbezüge, die das tätige und sorgende Dasein bestimmen, nicht einfach verschwunden, sondern werden auf eigentümliche Weise gestaltet. Das Spielen geschieht nicht nur ›um der Erholung willen‹, sondern dient auch der Heilung von unguten Regungen und Gemütszuständen« (Gadamer 1960, S. 107).

Die Fähigkeit, Realität mit spielerischer Distanz zu sehen – wie sie sich auch im Humor zeigt –, ist für gelungene Lebensführung unerlässlich. Das kreative Spiel des Kindes, die Versenkung des Wissenschaftlers, die Ekstase des Künstlers, die Begeisterung des Politikers und der Tatendrang des Unternehmers haben ihr Negativ im realitätsabgewandten Verlieren in Tagträumen, in unkritischer Verbohrtheit, egomanischer Selbstüberschätzung, blindem Fanatismus und rücksichtslosem Aktivismus.

Das Spiel der Kinder und die Kreativität der Erwachsenen dienen der Bewältigung elementarer Anforderungen: der Bildung von psychischer Struktur, der Notwendigkeit, erotische Regungen zu gestalten und aggressive Impulse zu bewältigen.

Der Begründer der modernen Psychotherapie, Sigmund Freud, zeigte, dass jeder Mensch seine Welt innerpsychisch strukturiert, um sich als konsistentes Wesen erfahren zu können. Diese kreative Strukturbildung beginnt in der frühesten Kindheit:

»Vielleicht dürfen wir sagen: Jedes spielende Kind benimmt sich wie ein Dichter, indem es sich eine eigene Welt schafft ...« (1908, S. 214).

Dabei geht es besonders um die Bewältigung unlustvoller Erlebnisse:

»Beim Kinderspiel glauben wir erst zu begreifen, dass das Kind auch das unlustvolle Erlebnis darum wiederholt, weil es durch seine Aktivität eine weit gründlichere Bewältigung des starken Eindruckes erwirbt, als beim bloßen passiven Erleben möglich war« (Freud 1920, S. 36).

Das psychische Leben der Erwachsenen hat in dieser Hinsicht die gleiche Funktion: Es dient der phantasievollen Bewältigung der Erfahrungen. Dabei sind auch die unbewusst ablaufenden Phantasieprozesse des Alltags Wege, die Wirklichkeit wahrzunehmen, zu gestalten und zu bewältigen.

Die wesentlichsten Motive des Spielens und kreativen Imaginierens sind die Realitätsbewältigung und die Verwirklichung von Wünschen:

»Die Produkte dieser phantasierenden Tätigkeit, die einzelnen Phantasien, Luftschlösser oder Tagträume, dürfen wir uns nicht als starr und unveränderlich vorstellen. Sie ... verändern sich mit jeder Schwankung der Lebenslage ...: Die seelische Arbeit knüpft an einen aktuellen Eindruck, einen Anlass der Gegenwart an, der imstande war, einen der großen Wünsche der Person zu wecken, greift von da aus auf die Erinnerung eines früheren, meist infantilen, Erlebnisses zurück, in dem jener Wunsch erfüllt war, und schafft nun eine auf die Zukunft bezogene Situation, welche sich als die Erfüllung jenes Wunsches darstellt, eben den Tagtraum oder die Phantasie, die nun die Spuren ihrer Herkunft vom Anlasse und von der Erinnerung an sich trägt. Also Vergangenes, Gegenwärtiges, Zukünftiges, wie an der Schnur des durchlaufenden Wunsches aneinandergereiht ... Das banalste Beispiel mag Ihnen meine Aufstellung erläutern. Nehmen Sie den Fall eines armen und verwaisten Jünglings an, welchem Sie die Adresse eines Arbeitgebers genannt haben, bei dem er vielleicht eine Anstellung finden kann. Auf dem Weg dahin mag er sich in einem Tagtraum ergehen, wie er angemessen aus seiner Situation entspringt. Der Inhalt dieser Phantasie wird etwa sein, dass er dort angenommen wird, seinem neuen Chef gefällt, sich im Geschäfte unentbehrlich macht, in die Familie des Herrn gezogen wird, das reizende Töchterchen des Hauses heiratet und dann selbst als Mitbesitzer wie später als Nachfolger das Geschäft leitet. Und dabei hat sich der Träumer ersetzt, was er in der glücklichen Kindheit besessen: das schützende Haus, die liebenden Eltern und die ersten Objekte seiner zärtlichen Neigung.

Sie sehen an solchem Beispiele, wie der Wunsch einen Anlass der Gegenwart benützt, um sich nach dem Muster der Vergangenheit ein Zukunftsbild zu entwerfen« (Freud 1920, S. 217f.).

Diese Auffassung von Kreativität ist recht einseitig an der Erfüllung kindlicher Wünsche orientiert. Freud wusste, dass Kreativität wesentlich komplexer ist, hielt die künstlerische Kreativität letztlich für unerklärbar. Eine bleibende Konsequenz kann man jedoch aus den Freud'schen Theorien ziehen: Die kreative Gestaltung sexueller Regungen und aggressiver Impulse ist für menschliches Zusammenleben von entscheidender Bedeutung.

Die meisten Menschen sind fähig, innovatorische Phantasien zu produzieren. Freud hat gezeigt, dass jeder Traum eine schöpferische Seite hat. Hier treten neue und oft verblüffende Zusammenhänge zu Tage. Diese Einsicht hat von Thomas Mann bis René Magritte eine Vielzahl von Künstlern inspiriert. Ein wesentliches Unterscheidungskriterium von alltäglicher Phantasiebildung und künstlerischer Gestaltung ist jedoch, dass Träume und Phantasien für andere Leute nur beschränkt interessant sind. Bei Kunstwerken handelt es sich um Phantasien, die durch ihre Gestaltung für viele Menschen zugänglich werden. Für diesen künstlerischen Schritt

»müssen Menschen in der Lage sein, das Vermögen des Phantasierens, wie es in ihren persönlichen Tag- und Nachtträumen zum Ausdruck kommt, den Eigengesetzlichkeiten des Materials zu unterwerfen und damit ihre Produkte von allen, von den ausschließlich ichbezogenen Schlacken zu reinigen... Dieses Erfordernis dient der Unterordnung unter ein Material, seien es Worte, Farben, Steine, Töne oder was immer« (Elias 1991, S. 80).

Die Psychoanalytikerin Melanie Klein (1957), die Freuds Entdeckungen durch ein vertieftes Verständnis der frühen Mutter-Kind-Beziehung ergänzte, hat den Zusammenhang zwischen Kreativität und kindlichen Ängsten herausgearbeitet: Der Säugling ist unerträglichen Spannungen ausgesetzt und muss mit Unterstützung der Betreuungspersonen eine psychische Struktur aufbauen, die seine frühen Ängste bewältigt. Später spürt das Kind, dass es in sich aggressive und destruktive Regungen trägt, und entwickelt deswegen Schuldgefühle, aus denen konstruktive und schöpferische Impulse erwachsen. Besonders der Neid hemmt die Entwicklung der kreativen Fähigkeiten. Auch übertriebene Schuldgefühle können die Kreativität beeinträchtigen. Durch das kindliche Spiel und die kreative Tätigkeit des Erwachsenen werden chaotische Affekte und hemmende Konflikte bewältigt. Zusammenfassend lässt sich sagen, dass das kindliche Spiel ein Paradigma kreativer Tätigkeit darstellt. Es resultiert aus der Notwendigkeit, Trieben und Ängsten Struktur zu verleihen. Wir erkennen in diesen psychologischen Motiven für das kindliche Spielen und die kreative Tätigkeiten der Erwachsenen einiges von den am Anfang des Buches dargestellten Schöpfungsmythen wieder: Menschliches Leben erschien dort gefährdet durch eine »Gravitation zum Chaos«, durch Gewalt und Destruktivität. Diese Gefährdungen müssen durch schöpferische Tätigkeit bewältigt werden.

Die kreative Bewältigung psychischer Konflikte

Es ist ein populäres Vorurteil, dass kreative Persönlichkeiten psychisch gestörter sind als andere Menschen. Diese Meinung kann sich auf viele Autoritäten berufen: Platon sprach von der heiligen Manie, die mächtige Politiker und bedeutsame Denker auszeichne. Im Zustand des Außer-sich-Seins, in der Ekstasis sind diese zu besonderen Leistungen fähig. Man muss sich allerdings aus heutiger Sicht fragen, ob mit der kreativen Manie tatsächlich krankhafte Zustände gemeint sind oder eine Hingabe an die Sache selbst, die wir als wesentlichen Bestandteil des kreativen Prozesses kennen gelernt haben.

Die moderne Wissenschaft konnte die Verwandtschaft von psychischer Krankheit und Kreativität nicht bestätigen. Dass bei vielen bedeutenden Persönlichkeiten psychische Krankheiten auffallen, liegt in dem Umstand begründet, dass deren Leben eingehender beschrieben wird als dasjenige von Durchschnittsmenschen. Neuere Studien zeigen, dass psychische Krankheiten bei untätigen Menschen häufiger auftreten als bei aktiven. Dichter (creative writers) und Bühnendarsteller nehmen jedoch eine Sonderposition ein. Sie leiden häufiger an affektiven Störungen, Alkohol- und Drogenabhängigkeit als die Normalbevölkerung (Andreasen 1987). Ihre Selbstmordrate ist um ein Vielfaches höher als bei Wissenschaftlern, Politikern und Unternehmern (Ludwig 1992). Allerdings konnte man auch nachweisen, dass Dichter dann vermehrt psychisch erkrankten, wenn sie erfolglos waren und in Armut gerieten.

Schwere psychische Erkrankungen wie schizophrene Störungen behindern in der Regel die Kreativität und bringen sie meist zum Erlöschen. Exemplarisch kann man das an einem der größten Dichter deutscher Sprache, Friedrich Hölderlin, studieren. Bis zu einer ersten schizophrenen Episode war er höchst kreativ. Während seiner ersten Krankheitsphase konnte er kaum schreiben. Nachdem dieser Krankheitsschub abgeklungen war, verfasste er wieder Gedichte von bleibender Schönheit. Zwei Jahre nach dem ersten Zusammenbruch trat ein zweiter schizophrener Schub auf, der nicht wieder abklang, sondern in eine chronische Krankheit mündete, die zu lebenslangem Siechtum führte. Er musste in dem berühmten Turm in Tübingen gepflegt werden, konnte zu seinem Lebensunterhalt nichts mehr beitragen und entzog sich fast allen sozialen Kontakten. Seltene Besuche alter Freunde führten zu Ausbrüchen, in denen er unerklärlich erregt war und völlig unverständlich sprach. Ein persönliches Gespräch war kaum möglich. In den langen Jahren der familiären Betreuung im Tübinger Turm war er zu keiner kreativen Gestaltung mehr fähig.

Selbstverständlich können viele schizophren Erkrankte kreativ sein, insbesondere wenn die Erkrankung nicht sehr ausgeprägt ist. Sie sind dann aber nicht kreativ, weil sie schizophren, sondern obwohl sie schizophren sind. Es existieren allerdings Hinweise, dass sich kreative Betätigungen wie Malen und Tanzen günstig auf den Verlauf einer solchen Erkrankung auswirken.

Anders als mit schizophrenen verhält es sich mit depressiven Störungen. Viele Kreative haben beschrieben, dass ihr Schaffensdrang aus einer gewissen Beunruhigung, Angst und Verstimmung resultiert. Die Melancholie im Zusammenhang mit großen Werken ist fast sprichwörtlich. Freud sprach von einem »gewissen Mittelelend«, das die beste Voraussetzung für sein Schreiben sei. Allerdings darf das »Von des Gedankens Blässe Angekränkelt Sein« (Shakespeare) nicht zu schwer sein. Eine schwere depressive Phase führt meist zum Erliegen der Produktivität, und erst wenn diese vorüber ist, stellt sich die alte Schaffenskraft wieder ein. Dies ist besonders der Fall bei Persönlichkeiten, die im Wechsel mit depressiven Phasen Zeiten kennen, in denen sie besonders vital, aktiv und leistungsfähig sind. Man bezeichnet diese phasenhaft auftretenden Störungen als bipolar. Bei vielen großen Persönlichkeiten der Geschichte – von Sokrates bis Abraham Lincoln – sind diese Störungen des psychobiologischen Gleichgewichts beschrieben.

Ungewöhnliche Persönlichkeiten und Menschen, die Besonderes vollbringen, gelten häufig als »auffällig«. Nach meiner Erfahrung als Berater und Psychotherapeut sind die Persönlichkeitseigenschaften kreativer Menschen nicht »auffälliger« als die der Durchschnittsbevölkerung. Extremes Verhalten kreativer Personen gelangt einfach häufiger in das Licht der Öffentlichkeit als die geheimen Kapricen des Durchschnittsbürgers.

Schwere Persönlichkeitsstörungen beeinträchtigen die Kreativität erheblich. Der Mangel an sinnvoller Lebensgestaltung und die Unfähigkeit zu geregelter Arbeit stehen mit destruktiven Persönlichkeitseigenschaften in einem fatalen Rückkopplungsverhältnis. Aus diesem Teufelskreis entstehen oft Zerstörungswut und Kriminalität. Gerade von Persönlichkeiten, in denen sich Unproduktivität, Vernachlässigung alltäglicher Lebensbezüge und bedenkenlose Aggressivität mischen, kann ein eigentümliches Charisma ausgehen. Die geduldig Arbeitenden werden verachtet und destruktive Helden, die durch geschickte »Machtergreifung« aufgestiegen sind, werden bewundert. Der Einzelne, der unter den Versagungen der alltäglichen und schöpferischen Arbeit leidet, projiziert ein Ideal auf den Führer, in dem das Unbedenkliche und Machtvolle bewundert werden kann. Die meisten Menschen sind anfällig für den Traum von spontaner Kreativität, auch wenn sie eigentlich wissen, dass die Mühen des kreativen Prozesses für den Erfolg entscheidend sind. Dies mag eine der vielen Erklärungen dafür sein, dass so banale, unschöpferische und schwerst persönlichkeitsgestörte Menschen wie Hitler und Stalin ihr monströses Charisma entfalten konnten.

Auch in Bezug auf Alkohol- und Drogenmissbrauch existieren viele Beispiele von Persönlichkeiten, die trotz und nicht wegen ihrer Abhängigkeit kreativ sind. Der kreative Prozess erzeugt allerdings häufig eine so große innere Spannung, dass der schöpferische Mensch geneigt ist, chemisch seine Stimmungen zu regulieren. Alkohol ist dabei ein sehr probates Mittel, wie wir beispielsweise an Winston Churchill oder Ernest Hemingway sehen. Nikotin ist eine aktivierende Droge und begünstigt das nächtelange Sitzen am Schreibtisch. Der von seinen Zigarren abhängige Sigmund Freud konnte trotz eines Gaumenkarzinoms, das ihn über 15 Jahre lang quälte und zu zahlreichen höchst schmerzhaften Operationen führte, nicht von seiner Sucht lassen.

Exzessiver Alkohol- und Drogenmissbrauch tötet Kreativität. Man kann vermuten, dass dem alternden Hemingway in seinen depressiven Zuständen der Alkohol keine Vitalität mehr bescherte, sondern die Hemmung seiner Kreativität verstärkte. Dieser Teufelskreis könnte zu seinem Suizid geführt haben. Viele lebenslang Kreative erkennen jedoch die negativen Effekte von Alkohol- und Drogenmissbrauch beizeiten und finden Rituale, um sich gegen die Gefahren einer von Drogen geliehenen Vitalität zu schützen.

Das Wichtigste aber zum Thema Genie und Wahnsinn ist, dass wirkliche Kreativität vor psychischer Krankheit schützt. Auch körperliche Krankheiten lassen sich durch kreative Aktivitäten positiv beeinflussen (Verres 2005). Ein besonderes Beispiel ist Johann Wolfgang von Goethe. Da seine kreative Bewältigung psychischer Konflikte eingehend dokumentiert und von entscheidender Bedeutung für das gesamte Werk ist, lohnt es sich, sie genauer zu betrachten. Bei der Vertiefung in Goethes Leben und Werk werden sich die Leserinnen und Leser wahrscheinlich an ihre eigenen Erfahrungen und die Konflikte ihrer kreativen Vorbilder erinnern.

Bei der Geburt war der kleine Johann Wolfgang »ganz schwarz« und man rechnete mit seinem baldigen Tod (Friedenthal 1963). Er überstand diese Bedrohung aber und wuchs nach den ersten, sehr schweren Wochen ohne nennenswerte Störungen auf. Er wurde von der Mutter hingebungsvoll geliebt und vom Vater geduldig gefördert. Sein Talent zum originellen und hingebungsvollen Spielen zeigte sich früh. Er bastelte Puppen, veranstaltete kleine Vorführungen und übte sich in phantasievollem Schreiben. Johann Wolfgang war neugierig und an vielem interessiert. Im Kontakt mit seiner Schwester und seinen Spielgefährten zeigte sich eine gewisse Neigung zum Führen und Bestimmen. Dabei trat auch schon im Knabenalter ein ausgeprägter Ehrgeiz in Erscheinung.

Goethe verließ mit sechzehneinhalb Jahren das Elternhaus in Frankfurt, um in Leipzig Rechtswissenschaften zu studieren. In der neuen und fremden Umgebung fühlte er sich sehr einsam und ihn plagte heftiges Heimweh. Seine ersten zaghaften Liebesbemühungen fanden keine Resonanz und an ein geregeltes Studieren war nicht zu denken. Er zog sich zunehmend zurück, verlor seine spielerische Unbefangenheit und entwickelte eine Vielzahl von Krankheitssymptomen: Verstopfungen, häufige Infekte, eine Geschwulst am Hals, Zahnschmerzen und beständigen Husten. Wie bei vielen anderen Adoleszenten stellte sich eine Arbeitsstörung ein. Hypochondrische Befürchtungen beherrschten sein Phantasieleben und von Kreativität war wenig zu spüren. Verschiedene medizinische Behandlungsmaßnahmen wurden unternommen, und retrospektiv wurden vielfältige Expertisen über seinen Krankheitszustand abgegeben. Sie reichten von Syphilis und Tuberkulose bis zu einer psychogenen Erkrankung. Goethe beschreibt rückblickend in »Dichtung und Wahrheit« das Gefühl, dass ihm »das Gehirn verdüstert und die Eingeweide paralysiert« waren. Während dieser Zeit schwankte er zwischen mutwilliger Ausgelassenheit und tiefer Verstimmung. Besonders vor dem Schlafengehen überlegte er, welche Form der Selbsttötung für ihn die geeignetste sei. Er beschäftigte sich mit der Frage, wie der auf dem Nachttisch bereitliegende Dolch seine Brust durchbohren könnte.

Wie ernsthaft diese Phantasien gewesen sind, ist schwer zu beurteilen, doch weiß man heute, dass Suizide lange in Gedanken vorbereitet werden und jede diesbezügliche Äußerung ernst zu nehmen ist. Auf der Grundlage schriftlicher Dokumente stellte später ein renommierter Psychiater die Diagnose einer manisch-depressiven Erkrankung (Lange-Eichbaum 1928), ein anderer meinte sogar, Goethe habe unter schizophrenen Episoden gelitten (Eissler 1986). Diese Diagnosen sind allerdings mit modernen Auffassungen psychischer Erkrankungen kaum vereinbar.

Gesichert ist die Erkenntnis, dass Goethe in seiner ersten Studienzeit in eine schwere Krise geraten war, die seine Kreativität zum Versiegen brachte. Man könnte auch umgekehrt vermuten, dass die Transformation seiner kindlichen Spielfreude in kreative Arbeit diese Krise bedingt hat. Im Rückblick wird ihm diese Zeit, obwohl er auch im späteren Leben von Krisen nicht verschont geblieben ist, als unerfreuliche Jugenderinnerung gänzlich trostlos erscheinen. Und dennoch scheinen diese Krisen auch positive Aspekte zu haben: Sie sind Verpuppungsstadien auf dem Weg zu einer »höheren Gesundheit« (Nietzsche).

Dementsprechend gelang Goethe eine kreative Selbstfindung, die nach der kurzzeitigen Rückkehr in das Elternhaus während der

Straßburger Zeit schon in seinem 20. Lebensjahr reiche Früchte trug. Auch später konnte er Enttäuschungen und Verstimmungen durch kreative Tätigkeiten bewältigen. Durch seine schöpferischen Leistungen, die bisweilen unter heftigen Zerreißproben zustande kamen, gelang es ihm, aus seinen tiefsten seelischen Krisen herauszufinden. Durch seine kreativen Anstrengungen war er in der Lage, Krisen zu nutzen, um eine höhere Gesundheit zu erreichen.

Spätere Lebenskrisen werden uns zum Beispiel durch die Gestalt des Torquato Tasso vor Augen geführt: Dieser Dichter steht – wie Goethe es mehrfach erlebte – vor dem Zusammenbruch. Er hat mit seinen künstlerischen Ambitionen nicht den gewünschten Erfolg und seine erotischen Avancen werden nicht erwidert. Tasso befindet sich in einem Wechselbad hochfahrender Pläne und gekränkter Verzagtheit, spürt, wie seine grandiosen Pläne scheitern, und macht sich zunehmend lächerlich. Er ist versucht, in die Krankheit zu fliehen, bis es ihm gelingt, seinen psychischen Konflikten sprachlich Ausdruck zu verleihen:

> Und wenn der Mensch in seiner Qual verstummt
> Gab mir ein Gott zu sagen, was ich leide.

Da bei Goethe Werk und Leben innigst miteinander verflochten sind, können wir sagen, dass beide – Torquato Tasso und Goethe selbst – sich in einem beständigen Wechselspiel von Anspannung und Entspannung, Einsamkeit und Geselligkeit, Traurigkeit und Freude, »himmelhoch jauchzend und zu Tode betrübt« befinden. Sie konfrontieren sich bewusst mit Konflikten, die letztlich alle Menschen zu bewältigen haben. Deswegen kann der Goethe-Leser bei seiner eigenen Lebensgestaltung in der Lebenskunst Goethes wichtige Orientierungspunkte finden. Der wichtigste ist, die Herausforderung anzunehmen, dass die Lebensbewältigung eine kreative Aufgabe darstellt.

Wie kaum ein anderer hat Goethe gezeigt, über welchen Reichtum das menschliche Leben verfügt, wenn der Einzelne sich mit Krisen und leidvollen Erfahrungen aktiv auseinander setzt. Diese Erkenntnis ist in dem Gedicht »Um Mitternacht« in schöner Verdichtung zur Sprache gebracht:

Um Mitternacht
Um Mitternacht ging ich, nicht eben gerne,
Klein, kleiner Knabe, jenen Friedhof hin
Zu Vaters Haus, des Pfarrers; Stern am Sterne
Sie leuchteten doch alle gar zu schön;
Um Mitternacht.

Wenn ich dann ferner in des Lebens Weite
Zur Liebsten mußte, mußte, weil sie zog,
Gestirn und Nordschein über mir im Streite,
Ich gehend, kommend Seligkeiten sog;
Um Mitternacht.

Bis dann zuletzt des vollen Mondes Helle
So klar und deutlich mir ins Finstre drang,
Auch der Gedanke willig, sinnig, schnelle
Sich ums Vergangne wie ums Künftige schlang;
Um Mitternacht.

Die erste Strophe spricht die kindliche Innenwelt unmittelbar an. Sie vergegenwärtigt die Ängste der Kindheit. Die Verdopplung »klein, kleiner Knabe« lässt das Herzklopfen des verängstigten Kindes spürbar werden, und im »Kirchhof« kommt eine unheimliche Todesfurcht zur Sprache. Dann erhebt sich der Blick ins Freie der Sterne. Der Kreative bewältigt seine Ängste, indem er die Übermacht des Schicksals in die Hand nimmt: Goethe nimmt sich die Freiheit als hilfloses Kind diese Übermacht »gar zu schön« zu erleben und in seiner Dichtung nachzubilden. Damit bemächtigt sich der schöpferische Mensch des Unausweichlichen und nimmt sein Schicksal gestaltend selbst in die Hand.

Das ganze Gedicht illustriert, wie es möglich ist, Kind und Erwachsener gleichermaßen zu sein. Es ist aus der Angst eines Kindes in der ersten Strophe, der Erregung eines jungen Mannes in der zweiten Strophe und der überlegenen Perspektive eines alten Menschen in der dritten Strophe gedichtet. In der ersten Strophe klingt das Trauma einer kindlichen Angst und Ohnmacht in der Wendung »nicht eben gerne« an und bezeichnet ein Unbehagen angesichts von Einsamkeit, Angst und Ohnmacht, gegen das Goethe zeitlebens kämpfte.

Die zweite Strophe führt uns hinaus »in des Lebens Weite«, getrieben und gezogen von Liebessehnsüchten. Aber auch diese positiven Gefühle sind nicht ohne negative Aspekte. Des »Lebens Weite« kann sehr einsam sein und die Nähe zur Geliebten sehr einengend. Im Streit liegende Gefühle stellen den Menschen vor die Aufgabe, sie in einer Liebesbeziehung – wiederum in der Polarität von Werden und Vergehen – kreativ zu gestalten. Nur in dieser Gestaltung kann er zu einer Versöhnung mit seinen natürlichen Trieben und seinen menschlichen Bindungen gelangen.

In der letzten Strophe, der Geistigkeit des »Mondes Helle«, findet der Kreative schließlich zur Weisheit des Alters. Das kreative Altern ist nicht allein Abschied von Kindheit und Jugend, Hoffnung und Vitalität, sondern wird zu einer Quelle tiefen Empfindens und reifer Persönlichkeitsentfaltung. Wie das Kind und der junge Erwachsene in sich und der Welt allmählich heimisch werden, so erlebt sich der Alternde in seiner Weisheit und Gelassenheit in kosmischer Harmonie.

Dieses weise Alter schützt Goethe nicht vor Dummheiten: Er verliebt sich 72-jährig in die 19-jährige Ulrike von Levetzow und macht sich mit seinem Werben um diese junge Dame ziemlich lächerlich. Sie weist ihn zurück und Goethe ist am Boden zerstört. Wie in früheren Krisen hilft ihm auch diesmal die kreative Gestaltung seines Schmerzes in den Marienbader Elegien über Enttäuschung und Lächerlichkeit hinweg. Das Gedicht »Aussöhnung« beginnt mit der Klage über den Verlust:

Aussöhnung
Die Leidenschaft bringt Leiden! – Wer beschwichtigt
Beklommnes Herz, das allzuviel verloren?
Wo sind die Stunden, überschnell verflüchtigt?
Vergebens war das Schönste dir erkoren!
Trüb ist der Geist, verworren das Beginnen;
Die hehre Welt, wie schwindet sie den Sinnen!

In dieser Strophe beschreibt Goethe seinen Schmerz. Er ist enttäuscht und verzweifelt, die Welt wird bedeutungslos und leer. In der nächsten Strophe führt uns Goethe dann vor, wie durch Kreativität das Leiden bewältigt werden kann. Durch Musik, Sprache und Phantasie erhebt er sich über den Schmerz, fühlt sich beruhigt und versöhnt in einer kosmischen Harmonie. Aus der leisen Melodie der ersten Strophe werden mächtige Akkorde wie in einer Symphonie Beethovens.

> Da schwebt hervor Musik mit Engelsschwingen,
> Verflicht zu Millionen Tön' um Töne,
> Des Menschen Wesen durch und durch zu dringen,
> Zu überfüllen ihn mit ew'ger Schöne:
> Das Auge netzt sich, fühlt im höhern Sehnen
> Den Götterwert der Töne wie der Tränen.

Man kann die zweite Strophe der Elegie wie den Hymnus »Freude schöner Götterfunke« aus Beethovens neunter Symphonie als Ausdruck unrealistischer Größenphantasien demaskieren und der moderne Leser mag bei dieser Emphase vielleicht ein Unbehagen verspüren. Doch bei längerer Beschäftigung wird auch er sich angesprochen fühlen von der Tröstung, die vom künstlerisch gestalteten Schmerz ausgeht. Nachhaltig finden wir diese Tröstung und Versöhnung in der Musik, etwa in den Liedern Franz Schuberts und Robert Schumanns. Aber auch das Volkslied und populäre Hits leben von dieser ästhetischen Bewältigung von Liebe und Leid. Sie alle zeigen, dass es besser ist, Schmerzen und Leid bewusst zu erleben, als sie trübsinnig zu verdrängen. Die ästhetische Gestaltung schmerzlicher Erfahrungen vertieft das Lebensgefühl. Das beschreibt der Dichter in der dritten Strophe von »Aussöhnung«:

> Und so das Herz erleichtert merkt behende,
> Daß es noch lebt und schlägt und möchte schlagen,
> Zum reinsten Dank der überreichen Spende
> Sich selbst erwidernd willig darzutragen.
> Da fühlte sich – o daß es ewig bliebe! –
> Das Doppelglück der Töne wie der Liebe.

Der Trost besteht in einem Leben, das sich als Entwicklung begreift und den blassen Ereignissen der Realität Bedeutung und Farbe verleiht:

»Was uns irgend Großes, Schönes, Bedeutendes begegnet, muß nicht erst von außen her wieder erinnert, gleichsam erjagt werden, es muß sich vielmehr gleich vom Anfang her in unser Inneres verweben, mit ihm Eins werden, ein neueres besseres Ich in uns erzeugen und so ewig bildend in uns fortleben. Es gibt kein Vergangenes, das man zurücksehnen dürfte, es gibt nur ein ewig Neues, das sich aus den erweiterten Elementen des Vergangenen gestaltet, und die echte Sehnsucht muß stets produktiv sein, ein neues Besseres zu erschaffen« (Goethe zit. nach Friedenthal 1963, S. 554).

Wer hier nur selige Altersweisheit herausliest, verkennt die Bedeutung der kreativen Bewältigung menschlichen Leids. Es ist bekannt, dass sich Goethe oft am Rande seiner Existenz gefühlt hat. Wir können zwar nicht genau wissen, wie ernsthaft seine Suizidgedanken als junger Student in Leipzig gewesen sind oder wie groß die Verzweiflung war, als er im besten Mannesalter von vierzig Jahren seinen Tasso schrieb. Es zeigt sich aber eine Leidensbereitschaft, die, wenn sie ertragen wird, ein wesentlicher Ansporn zur Kreativität sein kann. Goethe spricht in seinen dramatischen Gestalten immer auch von sich selbst, von Gefühlen des Ausgeschlossenseins, der drohenden Vereinsamung des Kreativen, einer ständigen Krankheit, die ihn zur Dichtung treibt. Durch das Erleben und Gestalten des Leids, ob im »Werther« oder im »Faust«, wird er geheilt und erlangt in kritischen Lebensphasen eine »kreative Gesundheit«.

Goethes »kreative Gesundheit« bewegt sich zwischen aktivem Gestalten und passivem Geschehenlassen. Sie erinnert an Schöpfungsvorstellungen aus dem mittleren und fernen Osten, die im Eingangskapitel geschildert wurden. Goethe selbst hat diese Schöpfungsmythen in Gedichte seines West-Östlichen Divans aufgenommen. Er feiert beispielsweise in »Selige Sehnsucht« Tod und Untergang als Wiedergeburt zu einem höheren Leben. Dies ist nicht nur eine metaphysische Vorstellung, sondern beschreibt das alltägliche Erleben von Werden und Vergehen, Tag und Nacht, Liebe und Einsamkeit, Anspannung und Entspannung:

Selige Sehnsucht
Sag es niemand, nur den Weisen
Weil die Menge gleich verhöhnet,
Das Lebendge will ich preisen,
Das nach Flammentod sich sehnet.

In der Liebesnächte Kühlung,
Die dich zeugte, wo du zeugtest,
Überfällt dich fremde Fühlung,
Wenn die stille Kerze leuchtet.

Nicht mehr bleibest du umfangen
In der Finsternis Beschattung,
Und dich reißet neu Verlangen
Auf zu höherer Begattung.

Keine Ferne macht dich schwierig
Kommst geflogen und gebannt
Und zuletzt des Lichts begierig,
Bist du Schmetterling verbrannt.

Und solang du dies nicht hast,
Dieses Stirb und Werde,
Bist Du nur ein trüber Gast
Auf der dunklen Erde.

Moderne Berater und Psychotherapeuten fassen die existenzielle Erfahrung, die uns Goethe hier vor Augen führt, unter das Schlagwort »Krise als Chance«. Dieser Ausdruck versucht, erlebte Krisen als Bedingung des glückenden Lebens zu rechtfertigen. Aber häufig ist auch die stille Erfahrung der Leere und Langeweile eine Vorbedingung von Produktivität und Kreativität. Mit der Kreativität ist es wie mit der Liebe: Höchster zeitloser Genuss im »Verweile doch, du bist so schön« steht neben dem Grau des Alltags; glückliche Erfüllung wechselt mit gespannter Sehnsucht. So geht es dem Kreativen wie Faust:

> So taumel ich von Begierde zu Genuss
> und im Genuss verschmacht ich nach Begierde.

Goethe ermutigt den Schaffenden, die dem Leben immanente Enttäuschung zu bejahen. Die Vertreibung aus dem Paradies eines erträumten Glücks, der alltägliche Verzicht und die Entwicklung des menschlichen Lebens zu stetig neuen Gestalten sind nur im Wechselspiel von Werden und Vergehen, Ankunft und Abschied, Begierde und Genuss zu haben, das in der Goethe'schen Version etwas eigentümlich Tröstendes hat. Andere Dichter finden in ihrem Schaffen nur kurzzeitige Erlösung von ihrem Leid. Einer von ihnen ist Friedrich Hölderlin. Auch er bewältigt durch seine Schöpfung leidvolle Erfahrungen:

> An die Parzen
> Nur einen Sommer gönnt, ihr Gewaltigen!
> Und einen Herbst zu reifem Gesange mir,
> Daß williger mein Herz, vom süßen
> Spiele gesättiget, dann mir sterbe!
>
> Die Seele, der im Leben ihr göttlich Recht
> Nicht ward, sie ruht auch drunten im Orkus nicht;
> Doch ist mir einst das Heilge, das am
> Herzen mir liegt, das Gedicht, gelungen,
>
> Willkommen dann, o Stille der Schattenwelt!
> Zufrieden bin ich, wenn auch mein Saitenspiel
> Mich nicht hinabgeleitet; Einmal
> Lebt ich, wie Götter, und mehr bedarfs nicht.

In der ersten Strophe wird die Schönheit der Natur mit einem Bedauern über die Kürze des Lebens geschildert. Trotzdem spüren wir tiefe Dankbarkeit, weil das lyrische Ich »vom süßen Spiele gesättiget«, das heißt kreativ wurde. Wenn Menschen hingegen ihr »göttlich Recht« nicht wahrnehmen und im Leben nicht gestaltend tätig sind, werden sie auch »drunten im Orkus« keinen Frieden finden. Hölderlin ist dankbar, dass er etwas, »das am Herzen mir liegt«, schaffen konnte. Unter dieser Voraussetzung kann er die Vergänglichkeit annehmen: »Willkommen dann, o Stille der Schattenwelt«. Dem Dichter Hölderlin war das Glück von breiter Anerkennung und erfüllter Liebe nicht wie Goethe gegeben. Und dennoch kann er Leben und Sterben bejahen, weil ihm die kreative Gestaltung, das Gedicht, gelungen ist: »Einmal lebt ich, wie Götter, und mehr bedarfs nicht.« Ist dies poetische Abgehobenheit oder dichterische Darstellung der existenziellen Bedeutung kreativer Selbstverwirklichung? Fragen wir noch einmal einen Dichter:

Auch für Rainer Maria Rilke ist das Erleben und Aushalten von Leiden und Schmerz eine Voraussetzung der Kreativität. In Gesprächen und Briefwechseln mit Lou Andreas-Salomé elaboriert er den Zusammenhang von Leidenserfahrung und Kreativität. Er schreibt an seinen Jugendfreund, den Psychiater Viktor von Gebsattel, dass er eine psychotherapeutische Behandlung ablehnt, weil er bei der erwarteten Behebung seiner psychischen Leiden um seine Kreativität fürchtet. Rilke vermutet eine unlösbare Verbindung von seelischen Schmerzen und Schöpfertum. Er dichtet in der ersten Duineser Elegie:

»Denn das Schöne ist nichts als des Schrecklichen Anfang, den wir noch gerade ertragen.«

Rilke gestaltet im Fortgang der Duineser Elegien existenzielle Motive des kreativen Menschseins. In der Zeit vor der Dichtung der Duineser Elegien fühlt er sich elend, abgestumpft und verzagt. Er schreibt an Lou Andreas-Salomé, dass eine Psychoanalyse bei Freud, trotz seiner Hochachtung vor dessen Werk, eine zu tief reichende Behandlung für ihn wäre. Er sei überzeugt, dass sie ihm ein für alle Mal helfen würde, mit sich im Reinen und geordnet zu sein. Dies wäre aber für seine Kreativität schlimmer als die »vollkommene Unordnung«, in der er lebe. Ein ruhiges und gesundes Leben wäre unvereinbar mit seinem. Er fürchtet, dass die Vertreibung der Dämonen mit der Vertreibung der Engel einhergeht. Nur die kreative Arbeit sei seine adäquate Behandlung.

Der chilenische Psychiater und Rilke-Übersetzer Otto Dörr Zegers (1998) sieht in der von Rilke beschriebenen Verknüpfung von seelischen Schmerzen und Kreativität eine anthropologische Grundbestimmung des Menschseins. Vor einem gänzlich anderen theoretischen Hintergrund kommt er zu einem ähnlichen Ergebnis wie Jacques Lacan mit seiner Konzeption »manque primordial«: Nach Lacan charakterisiert ein ursprünglicher Mangel die menschliche Entwicklung von der Geburt an. Alles, was der Mensch als Mängelwesen tut, geschieht, um sich selbst als Ganzheit zu verwirklichen. Im Gegensatz zu diesem psychoanalytischen Kreativitätskonzept liegt der Akzent bei dem philosophisch-anthropologischen Konzept von Dörr Zegers nicht auf der frühen Kindheit, sondern auf der Zukunftsbezogenheit der Menschen. Im Gewahrwerden ihrer Endlichkeit schaffen sie besondere Werke, die dem Leben Sinn, Tiefe, ja Unsterblichkeit verleihen: Ars longa, vita brevis.

Die Ängste Rilkes vor einer psychoanalytischen Behandlung waren wahrscheinlich unbegründet. Wir verfügen über viele Beispiele, die zeigen, wie eine Psychotherapie die Produktivität und Kreativität der Patienten weckte und verstärkte. Freuds erste psychotherapeutische Patientin, Bertha von Pappenheim, litt unter schwersten psychischen und psychosomatischen Beschwerden. Sie war zu völliger Untätigkeit verdammt und zeigte dramatische Symptome wie psychogene Lähmungen, Sinnestäuschungen und Verwirrtheitszustände. Sie wurde durch die Behandlung geheilt und entfaltete anschließend ein beeindruckendes soziales Engagement. Sie ging als eine der ersten Frauenrechtlerinnen in die Geschichte ein.

Der Komponist und Dirigent Gustav Mahler profitierte sehr von einer vierstündigen psychoanalytischen Beratung durch Sigmund Freud. Der Schriftsteller Samuel Beckett und der Schauspieler Gérard Depardieu wurden durch eine Psychotherapie in ihrer Kreativität sehr gefördert. Besonders Theater- und Filmschauspieler nutzen psychotherapeutische Beratungen oder Behandlungen, um ihre Kreativität weiterzuentwickeln. Selbstverständlich existieren auch Gegenbeispiele wie Marilyn Monroe, bei der viele psychotherapeutische und psychiatrische Behandlungen das Scheitern nicht verhindern konnten.

Die existenzielle Dimension der Kreativität: Pablo Picassos Minotaurus

Vielen Lesern werden die Darstellungen des Minotaurus-Mythos von Pablo Picasso bekannt sein. Das Minotaurus-Gemälde aus dem November 1938 ist eines der letzten von mehr als 60 Darstellungen des Minotaurus, die Picasso zwischen 1928 und 1938 gestaltete.

Große Augen sehen den Betrachter aus dem Bild heraus an. Es sind suchende und fragende Augen. Picassos durchdringender Blick war vielen seiner Zeitgenossen als Ausdruck seiner leidenschaftlichen Neugier bekannt. In den Minotaurus-Gemälden mischt sich

Abbildung 1: Pablo Picasso, *Stillleben mit Kerze, Palette und rotem Minotauruskopf*, 1938, Öl auf Leinwand, 73 × 92 cm.

aber die bedenkenlose Eroberung seiner Umwelt mit selbstkritischer Nachdenklichkeit. Picassos unermüdliche Neugier, die immer eine wesentliche Triebkraft seiner Kreativität war, ist durch die Reflexion gebrochen.

Von Picasso wird berichtet, dass er bis zu seinem Tod über ein intrinsisches Interesse an seiner Arbeit und die Fähigkeit, sich von einer Sache ganz gefangen nehmen zu lassen, verfügte. Im abgebildeten Gemälde drückt er jedoch auch Ratlosigkeit aus. Der Bilderrahmen an der Wand ist leer. Es scheint eine Krise in der kreativen Entwicklung stattzufinden. Der Kopf ist vom leeren Rahmen und der Palette abgewandt. Hinter der Palette und den aufgerichteten Pinseln, die auf den Maler zu warten scheinen, liegt ein Brief, vielleicht ein Abschiedsbrief seiner Geliebten Marie-Thérèse Walter.

Der Blick sucht etwas bei den Betrachtern. Er enthüllt eine tiefere Dimension des kreativen Ehrgeizes: Nicht nur Streben nach äußerlicher Anerkennung, sondern die Sehnsucht nach einem emotionalen Angenommen- und Beantwortetwerden. Kreativer Ehrgeiz scheint hier Ausdruck einer Suche nach sich selbst und nach den anderen zu sein. Man spürt Erstaunen und Einsamkeit. Die Vitalität früherer Minotaurus-Darstellungen ist gewichen, sie paart sich mit Sehnsucht und Melancholie.

Dennoch lässt das dunkelrote Gesicht noch die bekannte Triebhaftigkeit von Picasso spüren, die ein wesentliches Moment seiner Originalität und Hingabefähigkeit war. So, wie er sich von Menschen, besonders Frauen, ganz gefangen nehmen ließ und zu leidenschaftlicher bedingungsloser Liebe fähig war, so konnte er sich in unermüdlicher Arbeit seinen Gemälden hingeben. Tragische Schicksalsschläge wie der Tod seiner Schwester Conchita in seinem zehnten Lebensjahr und der Suizid seines engen Freundes Casagemas zu Beginn seiner künstlerischen Laufbahn begleiteten seinen Lebensweg. Diese Schicksalsschläge und die jahrzehntelange ökonomische Not konnten jedoch sein eigenständiges, phantasievolles und selbstbewusstes Interesse an der Sache selbst nicht beeinträchtigen. Originalität, Hingabefähigkeit, Phantasie, Selbstvertrauen und Frustrationstoleranz waren und blieben – wie bei den meisten Kreativen – hervorstechende Persönlichkeitseigenschaften von Pablo Picasso.

Im Gemälde spüren wir die Qualen, die der Künstler bewältigen muss. Der Kopf ist aufgespießt, steht als Büste da, ist getrennt von seinem Körper. Die vorangegangenen Minotaurus-Gemälde zeigen noch den triebhaften Tierkörper, der sich einer Frauengestalt, meist mit dem Gesicht von Marie-Thérèse Walter, nähert. Aber auch wenn man diese näher betrachtet, sind sie alles andere als eine unbeschwerte Feier der erotischen Liebe. Sie enthüllen die leidenschaftliche Auseinandersetzung mit Vergeblichkeit und Sterben. In der abgebildeten Minotaurus-Darstellung ist dieses Vanitasthema durch die sich selbst verzehrende Kerze symbolisiert. Um ein tieferes Verständnis der von Lebensfreude und Vergänglichkeit, sexueller Erfüllung und Versagung, Eros und Thanatos gekennzeichneten Minotaurus-Gemälde zu erlangen, ist es lohnend, den Mythos etwas näher zu betrachten.

Der kretische König Minos, Sohn des Zeus und der Europa, Vater der Ariadne, gerät nach dem Tod des Stiefvaters mit seinen beiden Brüdern in Streit, weil er die alleinige Königsherrschaft über Kreta fordert. Er bittet den Meeresgott Poseidon, ihm als Zeichen seiner rechtmäßigen Herrschaft ein Opfertier zu senden. Poseidon erfüllt diesen Wunsch und sendet einen prächtigen Stier, der dem Meer entsteigt. Daraufhin ordnen sich die beiden Brüder dem Minos unter. Als dieser aber den Stier nicht wie vereinbart opfert, rächt sich Poseidon und macht den Stier so wild, dass er das ganze Land verwüstet. Außerdem lässt Poseidon Pasiphae, die Gemahlin von Minos, in Liebe zu dem Stier entbrennen. In einer anderen Version dieses Mythos entzieht sich die Pasiphae den sexuellen Wünschen von Minos. Dies bringt eine Göttin dermaßen in Harnisch, dass sie Pasiphae verhext und ihr ein widernatürliches Begehren nach dem Stier eingibt. Mit Hilfe von Daidalos erreicht Pasiphae das Ziel ihres Verlangens. Die Frucht ihrer Vereinigung mit dem Stier ist der mischgestaltige Minotaurus, ein menschenfressendes Ungeheuer mit dem Körper eines Mannes und dem Kopf eines Stiers. Seiner Gier müssen jährlich sieben Jungfrauen und junge Männer geopfert werden.

Dieser Mythos handelt wie alle griechischen Mythen von Gewalt und Leidenschaft. Er bewegte Picasso und seine Kunstwerke jahrzehntelang. Die rituelle Bewältigung animalischer Triebhaftigkeit und die erotische Inbesitznahme geliebter Frauen durchziehen sein gesamtes Schaffen. Während der Entstehungszeit der Minotaurus-Bilder malte Picasso die wunderschönen Porträts von Marie-Thérèse Walter und Dora Maar und gleichzeitig das dunkle Guernica, das die Schrecken zügelloser militärischer Gewalt darstellt. Wie sein reales politisches Engagement sollte die künstlerische Gestaltung von Gewalt und Leidenschaft der Bändigung destruktiver Regungen dienen. Picassos künstlerische Arbeit lässt Schönheit und Wahrheit als höchste Formen menschlicher Selbstverwirklichung entstehen.

Picasso zeigt uns besonders eindringlich, wie die schöpferische Arbeit die Gravitation zum Chaos bewältigt. Allfällige Destruktivität wird gebannt und in eine Form gegossen. Picasso fühlte sich während der Arbeit manchmal wie von Erinnyen, den unterirdischen Göttinnen der Rache und Vergeltung, gejagt. Sie entstanden aus dem Blut des Uranos, das auf die Erde beziehungsweise die Erdmutter Gaia tropfte. Aus dem Samen von Uranos wurde Aphrodite, die Göttin der Liebe, Schönheit und Fruchtbarkeit, geboren.

Wir sind damit wieder an den kulturgeschichtlichen Anfang meiner Überlegungen zurückgekehrt. Der Kreis schließt sich, und es lässt sich resümieren, dass individuelle und politische Kreativität Chancen sind, Chaos und Gewalt in persönliches Wachstum und soziale Entwicklung zu verwandeln.

Personenverzeichnis

A
Adorno, Theodor W. 133, 162
Allen, Paul 32
Andreasen, Nancy 58, 139
Andreas-Salomé, Lou 151
Annan, Kofi 52, 59, 127
Arendt, Hannah 73
Aristoteles 49, 132
Assmann, Jan 22, 160f.

B
Beckett, Samuel 152
Beethoven, Ludwig van 47, 147
Blanchard, Ken 98, 161
Bono, Edward de 116
Brandt, Willi 61
Buddha 14
Buzan, Tony 115, 161

C
Carter, Jimmy 35, 52, 127
Cézanne, Paul 51
Chaplin, Charles 127
Chopin, Frédéric 48
Churchill, Winston 141
Clinton, Bill 18, 32, 50, 53, 63ff., 66, 161
Crick, Francis 62
Csikszentmihalyi, Mihalyi 10, 161

D
Dalai Lama 14
Darwin, Charles 14
Dawkins, Richard 9

Depardieu, Gérard 152
Descartes, René 14
Disney, Walt 67
Dörr Zegers, Otto 151f., 160f.
Duras, Marguerite 50

E
Edison, Thomas 56
Eigen, Manfred 19, 33f.
Einstein, Albert 12, 15, 19, 38, 42, 44, 53, 62, 80–86, 161
Eissler, Kurt R. 143, 161
Elias, Norbert 34, 137, 161
Evans, Kent 76

F
Fisher, Roger 17
Florida, Richard 68f., 161
Ford, Henry 66, 78, 161
Fölsing, Albrecht 44, 80–84
Freud, Sigmund 13, 42, 135ff., 140f., 151f., 161
Freud, Lucian 32
Friedenthal, Richard 142, 148
Friedrich II. von Hohenstaufen 38
Funke, Joachim 35, 49

G
Gadamer, Hans-Georg 35, 41, 126–129, 131, 135, 160f.
Galilei, Galileo 27, 79, 84
García Márquez, Gabriel 12, 15, 20, 48, 53, 88–96, 161

Gardner, Howard 11, 13f., 113, 161
Gates, Bill 18, 32, 42, 53, 74–78, 161
Gogh, Vincent van 47
Goethe, Johann Wolfgang v. 10, 12, 15, 20, 28f., 35, 42, 56, 124, 128, 142–151, 161
Goleman, Daniel 14
Greenspan, Alan 127
Guilford, John 14

H
Hegel, Georg Friedrich Wilhelm 14, 60
Hemingway, Ernest 47, 141f.
Henkel, Hans-Olaf 18, 127, 161
Hentig, Hartmut v. 121, 162
Hitler, Adolf 31, 141
Hölderlin, Friedrich 139, 150f., 162
Hohenstaufen, Friedrich II. von 38
Holm-Hadulla, Rainer M.
Hopp, Dietmar 18
Horkheimer, Max 133, 162
Huber, Peter 31
Humboldt, Alexander v. 14

J
Jagger, Mick 131
Jauß, Hans Robert 131, 162
Jesus Christus 14
Jordan, Michael 32
Joyce, James 130

K
Kämmerer, Annette 36, 160, 162
Kant, Immanuel 14, 129, 132
Kennedy, John F. 42, 50
Klein, Melanie 38, 137, 145, 162

Kleist, Heinrich v. 87
Konfuzius 14
Krammer, Peter 19, 80, 160, 162

L
Lacan, Jacques 152
Lange, Jessica
Lange-Eichbaum, W. 143, 162
Lao Tse 25
Lautenschläger, Manfred 18, 67f., 160, 162
Ledderose, Lothar 25, 160, 162
Leonardo da Vinci 27, 35
Lincoln, Abraham 140
Litt, Theodor 83, 121, 152, 162
Lombroso, Cesare 30

M
Maar, Dora 156
Macbeth 27f.
Magritte, René 137
Mahler, Gustav 47, 152, 162
Mahler-Werfel, Alma 163
Mann, Thomas 48, 130, 137
Maraniss, David 64f.
McCartney, Paul 32
Medici, Lorenzo de 27
Michelangelo 27, 35
Mohammed 14
Monroe, Marilyn 152
Montaigne, Michel Eyquem de 14
Moses 14
Mozart, Wolfgang Amadeus 10, 15, 20, 27, 34, 39f., 45, 51f., 84, 61

N
Napoleon 31
Nietzsche, Friedrich 30, 129, 143

O

Ortheil, Hanns-Josef 20, 86, 87, 160, 162
Osborne, Alexander 116

P

Pappenheim, Berta von 152
Patton, William 161
Pelé 32
Peters, Tom 70, 162
Petersen, Thomas 73, 160, 163
Piaf, Edith 50
Picasso, Pablo 10, 15, 20, 35, 4f., 47, 153ff., 156
Platon 133, 139
Proust, Marcel 130

Q

Quasthoff, Thomas 41f.

R

Radermacher, Franz Josef 45
Raffael 27, 35
Rilke, Rainer Maria 94, 151, 161, 163
Rockefeller, John D. 78
Rodham Clinton, Hillary 65
Rorty, Richard 14, 131, 163
Roth, Philipp 47
Russel, Bertrand 14

S

Saint Phalle, Niki de 50
Sand, George 48, 105
Schikaneder, Emanuel 27
Schubert, Franz 51
Schumann, Clara 50
Schumann, Robert 49, 52
Schumpeter, Joseph Alois 67, 163
Segler, Tilman 71, 160, 163
Seneca 129
Shakespeare 27f., 140
Shula, Don 98, 161
Smith, Adam 73
Sokrates 140
Spitzer, Manfred 58
Stalin, Josef 31, 141
Stern, Daniel 38, 85, 163

U

Ury, William 161

V

Venter, Craig 79
Verres, Rolf 142

W

Wagner, Richard 30, 55
Walter, Marie-Thérèse 154ff.
Warhol, Andy 32
Waterman, Robert 70, 162
Watson, James D. 32, 62
Weber, Max 69, 160
Willi, Jürg 123
Winnicott, Donald W. 151f., 160f.

Danksagung

Bedanken möchte ich mich bei den Autoren des Heidelberger Jahrbuchs »Kreativität« (hg. v. Holm-Hadulla 2000), die ein breites Spektrum persönlicher Erfahrungen und wissenschaftlicher Einsichten schriftlich dargestellt und in einem Symposion diskutiert haben. In alphabetischer Reihenfolge seien genannt: Professor Jan Assmann, Kulturwissenschaftler, Professor Manfred Eigen, Biologe und Nobelpreisträger, Professor Joachim Funke, Psychologe, Professor Görg Haverkate, Jurist, Dr. Peter Huber, Germanist, Privatdozentin Annette Kämmerer, Psychologin, Professor Peter H. Krammer, Mediziner und Naturwissenschaftler, Manfred Lautenschläger, Ehrensenator der Universität Heidelberg und Gründer der MLP AG, Professor Lothar Ledderose, Kunstgeschichtler, Dr. Maria-Sybilla Lotter, Sozialphilosophin, Hanns-Josef Ortheil, Schriftsteller und Professor für kreatives Schreiben, Professor Thomas Petersen, Philosoph, Professor Frank R. Pfetsch, Politikwissenschaftler, Professor Tilman Segler, Unternehmensberater, Professor Rolf Verres, Mediziner und Psychologe, Beate Weber, Oberbürgermeisterin der Stadt Heidelberg. Mein Dank gilt auch dem chilenischen Psychiater und Gelehrten Otto Dörr Zegers, der mir seit Jahren ein wohlwollender Mentor und Freund ist.

Eine besondere Hervorhebung gebührt meinem verstorbenen Lehrer Hans-Georg Gadamer, der mit großzügiger Freundlichkeit den Versuch unterstützt hat, die Geheimnisse der Kreativität zu ergründen. Er hat es sich nicht nehmen lassen, im Alter von 100 Jahren das Symposion zu begleiten und mir wertvolle Ratschläge für dieses Buch zu geben.

Dankend möchte ich schließlich die Personen erwähnen, die sich Rat suchend an mich wenden und immer wieder neue Aspekte der Kreativität entdecken.

Literatur

Andreasen, N. (1987): Creativity and Mental Illness. American Journal of Psychiatry. 144 (10) 1288–1292.

Andreasen, N. (2005): The Creating Brain. New York.

Assmann, J. (2000): Schöpfungsmythen und Kreativitätskonzepte im Alten Ägypten. In: Holm-Hadulla, R. M. (Hg.): Kreativität. Heidelberg u. a.

Blanchard, K.; Shula, D. (2000): Everybody is a Coach. New York.

Buzan, T.; Buzan, B. (1993): The Mind Map Book. New York.

Cézanne, P. (1937): Correspondance. Paris.

Clinton, B. (2004): My Life. New York.

Csikszentmihalyi, M. (1996): Creativity. Flow and the Psychology of Discovery and Invention. New York.

Dawkins, R. (1976): Das egoistische Gen. Berlin.

Dörr Zegers, O. (1998): Comentarios a las Elegías del Duino de Rainer Maria Rilke. Santiago de Chile.

Eissler, K. R. (1986): Goethe. Frankfurt a. M.

Elias, N. (1991): Mozart. Frankfurt a. M.

Fisher, R.; Ury, W.; Patton, B. (1997): Das Harward-Konzept. Frankfurt a. M.

Florida, R. (2002): The Rise of the Creative Class. New York.

Fölsing, A. (1995): Albert Einstein. Frankfurt a. M.

Freud, S. (1908): Der Dichter und das Phantasieren. GW VII. Frankfurt a. M.

Freud, S. (1920): Jenseits des Lustprinzips. GW XIII. Frankfurt a. M.

Friedenthal, R. (1963): Goethe. Sein Leben und seine Zeit. München.

Funke, J. (2000): Psychologie der Kreativität. In: Holm-Hadulla, R. M. (Hg.): Kreativität. Heidelberg u. a.

Gadamer, H. G. (1960): Wahrheit und Methode. Tübingen.

García Márquez, G. (2002): Leben, um davon zu erzählen. Köln.

Gardner, H. (2002): Intelligenzen – Die Vielfalt des menschlichen Geistes. Stuttgart.

Gatlin, J. (1999): Bill Gates: The Path to the Future. New York.

Goethe, J. W. von (1981): Gesammelte Werke. Trunz, E. (Hg.). München.

Goleman, D. (2005): Emotional Intelligence. New York.
Guilford, J. P. (1967): The Nature of Human Intelligence. New York.
Henkel, H.-O. (2000): Die Macht der Freiheit. München.
Hentig, H. von (2000): Kreativität. Hohe Erwartungen an einen schwachen Begriff. Weinheim.
Hölderlin, F. (1969): Werke und Briefe. Frankfurt a. M.
Holm-Hadulla, R. M. (1997): Die Psychotherapeutische Kunst. Göttingen.
Holm-Hadulla, R. M. (1999): El Arte Psicoterapeutico. Barcelona.
Holm-Hadulla, R. M. (Hg.) (2000): Kreativität. Heidelberg u. a.
Holm-Hadulla, R. M. (2004): The Art of Counselling and Psychotherapy. London, New York.
Horkheimer, M.; Adorno, Th. W. (1944): Dialektik der Aufklärung. Frankfurt a. M., 1971.
Huber, P. (2000): Kreativität und Genie in der Literatur. In: Holm-Hadulla, R. M. (Hg.): Kreativität. Heidelberg u. a.
Jang, C.-S. (1955): Der chinesische Philosoph Laotse und seine Lehre. Berlin.
Jauß, H. R. (1982): Ästhetische Erfahrung und literarische Hermeneutik. Frankfurt a. M., 1984.
Kämmerer, A. (2000): Geschlecht und Kreativität. In: Holm-Hadulla, R. M. (Hg.): Kreativität. Heidelberg u. a.
Klein, M. (1957): Neid und Dankbarkeit. Stuttgart.
Krammer, P. (2000): Naturwissenschaft, Big Science und die Wurzeln der Kreativität. In: Holm-Hadulla, R. M. (Hg.): Kreativität. Heidelberg.
Lange-Eichbaum (1928): Genie, Irrsinn und Ruhm. München, 1979.
Lautenschläger, M. (2000): Die Kreativität des Unternehmers. In: Holm-Hadulla, R. M. (Hg.): Kreativität. Heidelberg. u. a.
Ledderose, L. (2000): Kreativität und Schrift in China. In: Holm-Hadulla, R. M. (Hg.): Kreativität. Heidelberg u. a.
Litt, Th. (1957): Technisches Denken und menschliche Bildung. Heidelberg.
Lombroso, C. (1864): Genio e Follia. Torino.
Ludwig, A. M. (1992): Creative Achievement and Psychopathology: Comparison Among Professions. American Journal of Psychotherapy XLVI (3): 330–354.
Mahler-Werfel, A. (1960): Mein Leben. Frankfurt a. M.
Maraniss, D. (1995): First in His Class – The Biography of Bill Clinton. New York, London.
Ortheil, H.-J. (2000): Selbstversuch am offenen Herzen. In: Holm-Hadulla, R. M. (Hg.): Kreativität. Heidelberg u. a.

Peters, T. J.; Waterman, R. H. (1995): Auf der Suche nach Spitzenleistungen. 5. Aufl. Landsberg.
Petersen, Th. (2000): Wirtschaft und Kreativität. In: Holm-Hadulla, R. M. (Hg.): Kreativität. Heidelberg u. a.
Pfetsch, F. (2000): Kreatives Verhandeln in Politik und Wirtschaft. In: Holm-Hadulla, R. M. (Hg.): Kreativität. Heidelberg u. a.
Radermacher, F. J. (1995): Kreativität. Forschung & Lehre 10: 545–550.
Rilke, R. M. (1912/1922): Duineser Elegien. In: Die Gedichte. Frankfurt a. M., 1987.
Rodham Clinton, H. (2003): Living History. New York.
Rorty, R. (2001): Universality and Truth. In: Brandom, R. B.: Rorty and His Critics.
Schumpeter, J. A. (1942): Capitalism, Socialism and Democracy. New York.
Segler, T. (2000): Kreativitätsförderung im Unternehmen. In: Holm-Hadulla, R. M. (Hg.): Kreativität. Heidelberg u. a.: Springer.
Spitzer, M. (2002): Lernen: Gehirnforschung und Schule des Lebens. Berlin.
Stern, D. N. (1985): The Interpersonal World of the Infant. New York.
Verres, R. (2005): Was uns gesund macht. Freiburg.
Watts, A. (1957): The Way of Zen. New York.
Willi, J. (1985): Koevolution – Die Kunst gemeinsamen Wachsens. Reinbek.
Winnicott, D. W. (1971): Vom Spiel zur Kreativität. Stuttgart.

Kreativität und Persönlichkeitsentwicklung V&R

Udo Rauchfleisch
Musik schöpfen, Musik hören
Ein psychologischer Zugang
Transparent, Band 33.
1996. 125 Seiten, kartoniert
ISBN 978-3-525-01723-4

Klaus Herding /
Gerlinde Gehrig (Hg.)
Orte des Unheimlichen
Die Faszination verborgenen Grauens in Literatur und bildender Kunst
Schriften des Sigmund-Freud-Instituts.
Reihe 2: Psychoanalyse im interdisziplinären Dialog, Band 2.
2006. 300 Seiten mit 70 Abb., kartoniert
ISBN 978-3-525-45176-2

Ralf Zwiebel / Marianne Leuzinger-Bohleber (Hg.)
Träume, Spielräume I
Aktuelle Traumforschung
Psychoanalytische Blätter, Band 20.
1. Auflage 2002. 133 Seiten mit 8 Abb. und 2 Tab., kartoniert
ISBN 978-3-525-46019-1

Träume, Spielräume II
Kreativität und
Persönlichkeitsentwicklung
Psychoanalytische Blätter, Band 21.
2003. 143 Seiten, kartoniert
ISBN 978-3-525-46020-7

Almuth Bruder-Bezzel /
Klaus-Jürgen Bruder
Kreativität und Determination
Studien zu Nietzsche, Freud und Adler
2004. 206 Seiten, kartoniert
ISBN 978-3-525-46207-2

Gerald Hüther
Die Macht der inneren Bilder
Wie Visionen das Gehirn, den Menschen und die Welt verändern
3., durchgesehene Auflage 2006.
137 Seiten, kartoniert
ISBN 978-3-525-46213-3

Maja Müller-Spahn
Symbolik – Traum – Kreativität im Umgang mit psychischen Problemen
Mit einem Vorwort von Gaetano Benedetti.
2005. 219 Seiten mit 7 s/w und 18 farb. Abb., kartoniert
ISBN 978-3-525-46236-2

Dietmar Hansch
Evolution und Lebenskunst
Grundlagen der Psychosynergetik.
Ein Selbstmanagement-Lehrbuch
2. Auflage 2004. 287 Seiten mit 39 Abb. und 1 Tab., kartoniert
ISBN 3-525-49005-4

Vandenhoeck & Ruprecht